A construção da Nação Canarinho

Confira as publicações da Coleção FGV de Bolso no fim deste volume.

FGV de Bolso
Série História

A construção da Nação Canarinho
Uma história institucional da seleção brasileira de futebol, 1914 - 1970

Carlos Eduardo Barbosa Sarmento

Copyright © Carlos Eduardo Barbosa Sarmento

1ª edição — 2013

Impresso no Brasil | Printed in Brazil

Todos os direitos reservados à EDITORA FGV. A reprodução não autorizada desta publicação, no todo ou em parte, constitui violação do copyright (Lei nº 9.610/98).

Os conceitos emitidos neste livro são de inteira responsabilidade do autor.

Este livro foi editado segundo as normas do Acordo Ortográfico da Língua Portuguesa, aprovado pelo Decreto Legislativo nº 54, de 18 de abril de 1995, e promulgado pelo Decreto nº 6.583, de 29 de setembro de 2008.

COORDENADORES DA COLEÇÃO: Marieta de Moraes Ferreira e Renato Franco
PREPARAÇÃO DE ORIGINAIS E REVISÃO TÉCNICA: Luiz Alberto Monjardim
REVISÃO: Fatima Caroni, Aleidis Beltran
DIAGRAMAÇÃO, PROJETO GRÁFICO E CAPA: dudesign

**Ficha catalográfica elaborada
pela Biblioteca Mario Henrique Simonsen/FGV**

Sarmento, Carlos Eduardo Barbosa.
    A construção da Nação Canarinho: uma história institucional da seleção brasileira de futebol, 1914-1970/ Carlos Eduardo Barbosa Sarmento. – Rio de Janeiro : Editora FGV, 2013
    148 p. (Coleção FGV de bolso. Série História)

    Inclui bibliografia.
    ISBN: 978-85-225-1302-4

    1. Futebol – História. 2. Futebol – Brasil – História. I. Fundação Getulio Vargas. II. Título.

CDD – 796.3340981

Editora FGV
Rua Jornalista Orlando Dantas, 37
22231-010 | Rio de Janeiro, RJ | Brasil
Tels.: 0800-021-7777 | 21-3799-4427
Fax: 21-3799-4430
editora@fgv.br | pedidoseditora@fgv.br
www.fgv.br/editora

Sumário

Introdução   7

Capítulo 1

Origens institucionais   11

Conflito e conciliação   12
A seleção nacional entra em campo   23
Tensões nos anos 1920   34

Capítulo 2

O futebol na agenda da gestão estatal   47

A primeira Copa do Mundo   48
Amadores ou profissionais?   54
Intervenção do Estado: a criação do CND   62
O futebol oficial   74

Capítulo 3

Traumas e catarse   83

Preparativos para a Copa do pós-guerra   84

Sonho e frustração: as Copas de 1950 e 1954 90
Planejamento e investimentos 101
Modernidade e consagração: o "caneco" de 1958 108

Capítulo 4
A consolidação da Nação Canarinho **117**

O bicampeonato mundial 118
A cancha e a caserna 128
O apogeu de um projeto 137

Bibliografia **143**

Introdução

No Brasil, onde o futebol assume *status* de referencial de práticas e representações para grande parte da população, é comum se dizer que religião e futebol não se discutem. Essa construída sacralidade não impediu que a história e as ciências sociais decidissem assumir os termos dessa delicada discussão. Há quase três décadas, os meios acadêmicos brasileiros resolveram incorporar definitivamente o futebol em suas agendas de pesquisa. O resultado dessa ousadia pode ser verificado nos principais congressos acadêmicos e na produção bibliográfica de programas de pós-graduação e de centros de pesquisa disseminados pelo país. A marginalidade de um objeto, antes tido como ilegítimo, se contrapõe a um consistente panorama de investigações. A academia entrou definitivamente em campo.

Entre os temas que orientaram a dinamização desse campo de pesquisa, a seleção brasileira de futebol é certamente um dos que mais têm despertado interesse. A peculiar relação imaginária estabelecida entre a equipe nacional e as esferas de representação dos conceitos definidores de uma ideal brasilidade estimulou intelectuais desde a década de 1930 e constituiu uma cancha onde se travam intensos embates acerca do sentido dessa conjunção. Se a seleção mobiliza massas e atrai o criterioso olhar dos investigadores, tais fenômenos seriam inimagináveis quando, em 21 de julho de 1914, um combinado de jogadores pisou o relvado do Estádio das Laranjeiras para enfrentar a equipe inglesa do Exeter City e realizar aquela que seria consensualmente identificada como a primeira partida oficial da seleção brasileira. Muitos trabalhos se dedicaram a cumprir esse roteiro de pesquisa: a identificação das transformações que vieram a constituir a seleção em elemento representativo da nação. Neste livro, a questão se apresenta por um outro eixo de análise: a tentativa de compreender os mecanismos institucionais que envolveram a gestão organizacional e desportiva do selecionado.

Nossa proposta procura abarcar as formas pelas quais jogadores e dirigentes interagiram no espaço institucional construído em torno da equipe nacional de futebol, buscando compreender, em perspectiva temporal, as diferentes formas de constituição dos mecanismos de controle das relações esportivas e das interações com o universo cultural e o campo formal da política. Nessa jornada, definimos como recorte cronológico o período compreendido entre a primeira atuação oficialmente reconhecida da equipe nacional e a conquista do tricampeonato mundial. A lógica dessa delimitação remete a uma proposta interpretativa: em 1970 se consolidaria o consenso acerca da pertinência de certo modelo de gerenciamento do futebol brasileiro. A tentativa de incorporar ao campo esportivo as diretrizes do planejamento de longo prazo propiciou a demarcação de eixos de continuidade na gestão das entidades desportivas e no modo como o selecionado brasileiro foi gerido. A vitória no México referendou esse padrão de atuação que, nos anos seguintes, viria a sofrer fortes abalos com a incorporação de novas variáveis ao universo organizacional do futebol brasileiro. Dessa maneira, procuramos entender como esse modelo institucional foi gradativamente elaborado e legitimado, em meio a uma ambiência marcada por inúmeras disputas. Observamos, portanto, a construção do que poderia ser chamado de "Nação Canarinho", procurando entender de que forma jogadores, dirigentes, gestores públicos, intelectuais e operadores dos meios de comunicação demarcaram, através de suas práticas, um campo de poder específico voltado para a gestão do selecionado nacional de futebol.

Capítulo 1

Origens institucionais

Na noite de 18 de junho de 1916, o ministro das Relações Exteriores, Lauro Müller, abriu sua residência em Copacabana para que ali se realizasse uma reunião cuja pauta era considerada de máxima importância para os destinos da diplomacia brasileira. O chanceler decidira assumir pessoalmente o papel de mediador entre grupos litigantes, cuja disputa implicava um claro desequilíbrio na agenda de assuntos com os vizinhos platinos. Mesmo lidando com interlocutores que já haviam passado por um longo processo de desgaste mútuo, Müller sabia que, por compromissos internacionais que deveriam ser cumpridos, um rápido acordo precisava ser obtido naquele encontro. Já era madrugada do dia 19, quando o consenso se estabeleceu. Um memorando de intenções foi redigido e assinado pelo ministro e pelos outros três negociadores. Por direta intermediação do Itamaraty, foram assim assentadas as bases para a unificação do comando do futebol no Brasil. Estava criada a Confederação Brasileira de Desportos.

À primeira vista, pode parecer estranha a relação entre a diplomacia e o tema da reunião presidida por Lauro Müller. Mas não é difícil entendê-la. Mais do que à simples preocupação de regulamentar a prática desportiva, o início do século XX assistiu à legitimação do esporte como um ideal superior de expressão das qualidades humanas. Resgatada da esfera da brutalidade de seres considerados inferiores e incultos, a expressão esportiva tornou-se um campo propício para as elites se lançarem à construção simbólica de seus valores civilizatórios. Em torno do esporte instituiu-se todo um novo padrão de sociabilidade e fundou-se uma linguagem comum que favoreceu o intercâmbio entre as diferentes elites nacionais. Nesse quadro, a interferência aparentemente inusitada do ministro das Relações Exteriores para que fosse institucionalizado um organismo responsável pela gestão desportiva do país ganha sentido: estava em jogo, na verdade, a criação de um novo canal formal de operação para a diplomacia das nações.

No início da noite de 18 de junho, o ministro Lauro Müller tinha assim diante de si uma situação delicada que exigia solução imediata: de um lado, o conflito entre duas entidades que disputavam a hegemonia na representação desportiva brasileira; de outro, um compromisso internacional que deveria ser cumprido: a formação e o envio de um selecionado de futebol para participar do I Campeonato Sul-Americano. Para compreendermos as raízes e o sentido dessa disputa, devemos voltar ao ano de 1914.

Conflito e conciliação

Embora já se jogasse sistematicamente futebol no país desde o final do século XIX, com clubes disputando campeona-

A construção da Nação Canarinho

tos locais organizados por associações e ligas, até meados da década de 1910 ainda não havia surgido uma instituição de perfil nacional responsável pela regulamentação do esporte. O futebol, que nos primeiros anos da *belle époque* era praticado majoritariamente por imigrantes e membros das elites, se disseminava cada vez mais pelos estados e atraía jogadores e assistentes das mais diferentes extrações sociais. O cenário já era bastante diferente daquele em que haviam surgido as primeiras agremiações. A diversificação e a ampliação do contingente de pessoas direta ou indiretamente vinculadas ao esporte faziam com que os primeiros modelos de organização se mostrassem obsoletos. Um forte impulso interno e externo indicava claramente a necessidade de buscar novas soluções.

Da quase mítica chegada de Charles Miller a Santos em fevereiro de 1894 (a despeito dos diversos registros sobre a prática do futebol no Brasil anteriores a essa data, este é considerado o marco inicial da disseminação do jogo no país) até a fundação da primeira associação regional de futebol, a Liga Paulista de Futebol (LPF), em 1901, muitos indícios já poderiam ser identificados como precursores da ambiência política que envolveria a grande disputa pela criação de um organismo nacional voltado para a organização do futebol. Desde o início, estava claro que as elites nacionais buscavam no futebol um espelho no qual pudessem enxergar seu reflexo à luz dos valores da sociedade europeia. No entanto, o futebol era um território em que circulavam desde refinados aristocratas ingleses até truculentos marinheiros e operários oriundos das velhas ilhas britânicas. Muito antes da massificação do esporte, procurou-se assim estabelecer as fronteiras da tolerabilidade no convívio entre esses elementos.

Já os primeiros clubes de futebol organizados no país preocuparam-se em estabelecer uma rígida demarcação de espaços sociais. É bom lembrar que, quando se delimitam fronteiras, também se estabelecem relações políticas. Na fundação da LPF, entre os cinco clubes que inicialmente a constituíram, já havia claras diferenças de orientação. O Mackenzie College, por exemplo, era um grupo fechado que praticamente não aceitava em seus quadros elementos que se distanciassem do seu padrão ideal de atletas: jovens filhos de famílias abastadas, sem distinção entre estrangeiros e brasileiros. Já nas fileiras do Germânia e do Paulistano, clubes que tiveram entre seus fundadores diversos imigrantes, havia maior tolerância com atletas originários de diferentes camadas sociais. Acreditava-se, aí, que o jogo e a disciplina física poderiam promover uma equitativa elevação social.

Na capital da República, o cenário não diferia muito do de São Paulo. O futebol fora introduzido na cidade do Rio de Janeiro por ingleses que, a partir do campo do Rio Cricket and Athletic Association, situado na vizinha cidade de Niterói, passaram a organizar encontros para disputar partidas. Somente em 21 de julho de 1902 viria à luz o primeiro clube de futebol da cidade, o Fluminense Futebol Clube, fundado pelo imigrante inglês Oscar Cox. A partir desse núcleo original, o Rio logo passou a contar com um crescente movimento de criação e implantação de novas agremiações esportivas. Quando, em 8 de junho de 1905, foi fundada a Liga Metropolitana de Futebol, já existiam cinco clubes para apoiar a proposta. Pouco depois, o Rio Cricket e o Payssandu iriam também filiar-se. Um aspecto fundamental deve ser destacado na composição da liga de futebol carioca. Diferentemente do que acontecia na liga paulista, integravam a organização dois times compostos majoritariamente por atletas formados nas práticas desportivas promovidas no ambiente fabril: o Bangu e o América. Seria leviano afirmar que a instituição criada no Rio apresentava características e diretrizes mais democráticas em comparação com a liga fundada anos antes em São Paulo. No entanto, ao comportar em seu interior agremiações mais heterogêneas do que os clubes paulistas, a liga carioca já anunciava a maior diversidade social que caracterizaria a expansão do futebol nos anos seguintes.

Embora mantivessem contatos esportivos desde 1901, ano em que foi disputado na capital paulista o primeiro jogo entre um combinado de atletas locais e um grupo de jogadores vindos do Rio de Janeiro, as associações futebolísticas das duas cidades jamais desenvolveram relações de cooperação e intercâmbio mais sistemático. Na realidade, as duas entidades guardavam cautelosa distância, o que poderia ser explicado tanto pelo aparente crescimento dos times de São Paulo, quanto pelo temor dos paulistas de que a liga carioca, por se situar na capital do país e ter facilidade de contato com grupos de outras regiões, se fortalecesse politicamente. Essa postura isolacionista viria a ser quebrada a partir de 1913, quando uma questão inerente ao modelo de organização da LPF redundou na articulação de um movimento de âmbito nacional.

Naquele ano, a entidade paulista entrou em choque com um de seus associados, o Paulistano, devido à escolha do campo em que a equipe enfrentaria o Americano. O Paulistano defendia seu direito de jogar no estádio do Velódromo, enquanto os dirigentes da LPF designaram o Parque Antártica como local do encontro. Na data da partida, toda a equipe do Paulistano rumou para o Velódromo, ciente de que seus adversários não estariam lá. Tal atitude provocou o cancelamento do jogo e desencadeou uma série de retaliações que levariam o tradicional clube a romper com o órgão diretor do esporte em São Paulo e a fundar, em 22 de abril de 1913, a dissidente Associação Paulista dos Esportes Atléticos (Apea).

A cisão em São Paulo, que indicava a fragilidade da estrutura organizacional e política da LPF, precipitou alguns movimentos que vinham sendo ensaiados pelos dirigentes da liga carioca. Interessados em pavimentar vias que possibilitassem a conquista da hegemonia política sobre o futebol brasileiro, eles iniciaram uma aproximação com os dirigentes da recém-fundada Apea. Para tanto, contavam com dois trunfos e uma excelente justificativa.

Chamando a atenção para a necessidade de se estabelecerem condições mínimas para que o Brasil pudesse enviar uma delegação aos Jogos Olímpicos previstos para o ano de 1916, Álvaro Zamith, dirigente da Liga Metropolitana – que a partir de 1908 deixou de ser de Futebol para ser de Esportes Atléticos (LMEA) –, procurou atrair a nova entidade paulista para o projeto de uma federação olímpica nacional. Seu primeiro trunfo era o amplo apoio de entidades esportivas das mais diferentes regiões do país. Esses apoios podiam ser explicados pela localização da LMEA na capital do país, onde residiam deputados e senadores que, em seus estados de origem, participavam do circuito social das elites locais, quase sempre relacionado com clubes náuticos e esportivos. O segundo trunfo era a proximidade entre os princípios da Apea e a prática política da entidade carioca. O Paulistano, clube que havia liderado o movimento pela criação da nova associação em São Paulo, divergia da maioria das agremiações paulistas por defender, em lugar do espaço exclusivo de uma

A construção da Nação Canarinho

sociabilidade aristocrática, uma prática futebolística mais democratizada.

Tendo obtido o apoio da entidade dissidente paulista, Álvaro Zamith convocou para o dia 8 de junho de 1914 uma reunião destinada a estabelecer as bases regulamentares para a criação de uma entidade nacional que centralizasse a gestão desportiva no Brasil. Realizado na sede da Federação Brasileira das Sociedades de Remo, na cidade do Rio de Janeiro, o encontro reuniu, além dos donos da casa, os representantes da LMEA, do Automóvel Clube Brasileiro, da Comissão Central de Concursos Hípicos, do Clube Ginástico Português, do Iate Clube Brasileiro e do Aeroclube Brasileiro. Tamanha diversidade de atividades esportivas era uma garantia de que o acordo a ser firmado, para a instalação do Comitê Olímpico Brasileiro (COB) e a fundação de uma confederação nacional de entidades desportivas, era representativo de um amplo contingente de lideranças que militavam na área dos esportes. No documento produzido ao final do encontro, os presentes concordavam com a criação do COB e também da Federação Brasileira dos Esportes (FBE). Embora complementares, as atividades das duas organizações diferenciavam-se claramente. Passava a ser responsabilidade do comitê a preparação e organização das delegações de atletas brasileiros que iriam representar o Brasil nos futuros Jogos Olímpicos. Já à federação caberia a organização do esporte nacional, incluindo-se aí a preparação e a realização de torneios e eventos esportivos nacionais e internacionais.

Antes de ser suspensa a sessão, Álvaro Zamith fez constar da ata um pronunciamento emblemático:

O esporte é de fundamental importância na regeneração das raças e dos costumes (...) como também no estreitamento das relações internacionais, tornando-se hoje um auxiliar da diplomacia (...). Para que o Brasil se faça representar dignamente no mundo esportivo, é necessário, porém, que se comece unificando o seu esporte. (...) A FBE será, na nossa terra, a autoridade única no esporte. (...) A construção deste monumento grandioso (...) representará, sem dúvida, um passo a mais para o progresso da pátria, para a regeneração de sua raça e para os laços de amizade com as nações que lhe são vizinhas ou com as que a ela se acham ligadas por interesses políticos e comerciais (*Relatório da CBD*, 1918).

A preocupação política em consolidar a FBE como entidade única responsável pela organização desportiva nacional levava à formulação de um discurso no qual eram associados ao esporte alguns dos referenciais mais caros aos projetos nacionais de nossas elites. O esporte poderia ser o fator de promoção da eugenia, transformando a então questionada "raça" brasileira em um contingente étnica e fisicamente mais forte e adaptado. Além disso, a federação passaria a servir como elemento de intercâmbio com as mais "evoluídas" nações do planeta, dotando o país de uma alavanca que poderia corrigir o "atraso" em relação às potências internacionais. A perspectiva civilizatória, transformada em estandarte de legitimação política do projeto da FBE, passaria a ser um dos mais recorrentes eixos retóricos dos responsáveis pela gestão da área esportiva. Desde sua gênese institucional, a preocupação com o universo esportivo se aproximava da defesa dos interesses nacionais, da promoção social do povo e da construção da identidade nacional.

Enquanto os grupos que se uniram em torno da proposta de Álvaro Zamith privilegiaram a montagem do COB, os dirigentes da LPF vislumbraram a possibilidade de obter uma vitória

A construção da Nação Canarinho

política tanto sobre seus adversários locais como também sobre os grupos que pretendiam constituir um comando único do esporte no país. Para a LPF, a manobra orquestrada pelo grupo de dirigentes cariocas tivera o propósito de consolidar a cisão em São Paulo e assim afastar os dirigentes paulistas da posição histórica de pioneirismo na organização da prática futebolística. Ao perceberem que a Apea se compusera com a liga carioca, os membros da liga paulista passaram a acompanhar atentamente os movimentos desta. Certamente, na organização de uma federação única dedicada a todos os ramos da atividade esportiva, a LPF estaria em posição de nítida desvantagem. Já no caso exclusivo da organização do futebol, poderia ser mais bem-sucedida. Dois fatores sustentavam essa avaliação: os contatos anteriormente estabelecidos entre a LPF e dirigentes de futebol de outros países, e o fato de o regulamento da Fédération Internationale de Football Association (Fifa) prever o reconhecimento de entidades nacionais dedicadas exclusivamente à organização do futebol.

Pautando-se pela diretriz explícita emitida pela Fifa, Mário Cardim, presidente da LPF, aproveitou-se do quórum de uma reunião da Liga para propor a criação da Federação Brasileira de Futebol (FBF). Em 3 de março de 1915, os clubes que integravam a LPF, contando com o apoio de times do Paraná e Rio Grande do Sul, assinaram um documento que previa a criação dessa entidade futebolística nacional. No dia seguinte, valendo-se de seus contatos na Argentina e no Uruguai, Cardim enviou ofício à Associação de Futebol Argentino (criada em 1893) e à Associação Uruguaia de Futebol (fundada em 1900) noticiando a criação da FBF e solicitando o seu reconhecimento formal. Graças às boas relações que a LPF mantinha com os dirigentes esportivos das nações vizinhas, e evidenciando que houvera uma consulta prévia a essas entidades sobre a viabilidade de se fundar a FBF, o ofício recebeu imediatamente uma resposta positiva. Estava legitimada internacionalmente a iniciativa dos paulistas. Mário Cardim acelerou então a institucionalização da nova federação, que teve seus estatutos aprovados em 16 de agosto de 1915. A seguir foi encaminhada à Fifa a solicitação para a inscrição do Brasil como seu afiliado, sendo a FBF a entidade nacional proponente.

A notícia da formalização do pedido de registro junto à Fifa fez com que o grupo fundador da FBE percebesse que a FBF não podia ser considerada uma simples retaliação do antigo núcleo dirigente paulista. Estava sendo posta em risco a primazia que a FBE havia construído no momento de sua fundação. Percebeu-se, um tanto tardiamente, que a estratégia de centrar os esforços iniciais na organização do COB, negligenciando a institucionalização da FBE, fora equivocada. Cabia agora buscar soluções políticas para o impasse criado. Nada poderia ser formalmente feito se a FBE não ganhasse seu arcabouço legal definitivo. Dessa forma, em 15 de novembro de 1915, 17 meses após sua fundação, a FBE teve enfim seu estatuto aprovado em assembleia realizada no Rio de Janeiro. Dotada de estatuto jurídico próprio e com a documentação comprobatória de sua institucionalização, a FBE encaminhou à Fifa um pedido de inscrição, desconsiderando a antecedência da FBF. A entidade internacional, com sede em Amsterdã, funcionava com dificuldades em razão do ambiente dramático do teatro de guerra europeu. Diante do silêncio da Fifa, foi compreendido que não competiria à entidade o julgamento do mérito dos pedidos encaminhados por duas associações distintas. As instituições litigantes deveriam resolver internamente o conflito para, então, retomar o processo de filiação.

A construção da Nação Canarinho

Antes de buscar estabelecer bases para a negociação com os dirigentes cariocas e com as entidades nacionais criadas no ano anterior, a FBF ensaiou um grande movimento internacional de pressão sobre seus concorrentes. Em ofício datado de 10 de julho de 1915, Cardim, dessa vez assinando como representante apenas da LPF, solicitou à Associação de Futebol Argentino ajuda para trazer a Apea e a LMEA para o convívio da FBF. Cientes da desenvoltura com que os aliados de Cardim manobravam os canais internacionais, os fundadores da FBE resolveram apressar a formalização de seus estatutos e atuar mais perto da Fifa e das federações uruguaia e argentina.

Esse processo, no entanto, teve que assumir caráter de urgência após a decisão da Associação de Futebol Argentino de promover um campeonato com selecionados sul-americanos para a comemoração do Centenário da Independência do país em julho de 1916. Cientes do contencioso existente entre as associações desportivas brasileiras, os argentinos enviaram ofícios conjuntos para a LPF e a LMEA, solicitando a presença de uma equipe montada pelas duas entidades visando à disputa do campeonato. Coube então à Associação Uruguaia de Futebol se dirigir à LPF e à LMEA solicitando, à luz dos ofícios emitidos pela entidade argentina, que as duas associações regionais resolvessem a situação de dualidade existente no cenário brasileiro. De posse desses ofícios, a LMEA enviou a São Paulo o dirigente Joaquim de Souza Ribeiro, que, no entanto, não conseguiu chegar a um acordo com os representantes da LPF.

A posição reticente dos dirigentes paulistas seria entendida posteriormente. Mário Cardim contava, já então, com o apoio de diversos dirigentes argentinos que tinham se comprometido a reconhecer a FBF como único órgão representativo do futebol brasileiro. De fato, em assembleia realizada em 15 de junho de 1916, os dirigentes portenhos encaminharam uma moção que reconhecia a FBF como única representante do futebol brasileiro, cabendo-lhe, portanto, o direito de participar do campeonato continental que teria lugar no mês seguinte. Um grupo de membros da diretoria da Associação de Futebol Argentino optou por seguir a diretriz de neutralidade adotada por ocasião do primeiro convite e encaminhou uma outra proposta, que anulava o convite aos brasileiros até que a situação interna de disputa fosse pacificada. Não havendo consenso entra as duas diretrizes, Adolpho Orma, presidente da entidade, deliberou pela segunda moção. Estava inviabilizada a tentativa dos aliados de Mário Cardim de obter aval internacional para pôr fim à dualidade de federações existente no Brasil.

Diante do agravamento do impasse, o problema retornou à esfera nacional, com muitos dos canais de negociação já esgotados. Para alguns líderes políticos e esportivos, estava em questão não somente a participação de um selecionado de atletas brasileiros no torneio de Buenos Aires, mas também a própria imagem da diplomacia brasileira. No momento em que as nações platinas, que já participavam regularmente de torneios internacionais, convidavam o Brasil para fazer parte de um campeonato do qual ele não tinha como participar, toda uma gama de antigas concepções sobre o atraso político e cultural do país vinha à tona. Foi essa preocupação que levou o próprio ministro das Relações Exteriores a assumir a condução da negociação.

O grande acordo construído por Lauro Müller ainda não foi, contudo, o ponto final da disputa. Na tarde de 21 de junho de 1916, já com o grande protocolo firmado no dia 18, novamente reuniram-se os representantes da FBE (Álvaro Zamith), da FBF (Mário Cardim), da LPF (Oscar Porto), da LMEA (Joaquim de Souza Ribeiro) e da Apea (Benedito Montenegro). O documento final desse encontro estabelecia a concordância de todos com a suspensão das atividades tanto da FBE quanto da FBF, substituídas pela Confederação Brasileira de Desportos (CBD), cuja diretoria viria a ser posteriormente constituída por assembleia geral das federações associadas. Recomendava também que a LPF e a Apea se empenhassem em operar uma fusão que viesse a garantir a unidade no comando do esporte no estado de São Paulo. Vale notar uma nada sutil posição de força demonstrada pelas lideranças cariocas: até que a diretoria da CBD fosse escolhida, o representante legal da nova entidade seria Álvaro Zamith. Era um sinal evidente de que a CBD se instituíra a partir da FBE, e de que haveria uma continuidade entre as duas organizações.

A seleção nacional entra em campo

O acordo do dia 21 de junho também teve consequências práticas imediatas: estabeleceram-se normas para a participação do selecionado brasileiro no campeonato organizado pela Associação de Futebol Argentino, que teria início em duas semanas e se tornaria conhecido como o I Campeonato Sul-Americano. Dirigentes paulistas (FPF e Apea) e cariocas (LMEA) fariam, de comum acordo, a escolha dos jogadores que seriam enviados à capital argentina.

A organização de um selecionado composto de jogadores cariocas e paulistas não foi uma inovação introduzida naquele momento. Já em 21 de julho de 1914, para aquele que é reconhecido como o primeiro jogo da seleção brasileira de futebol, a então recém-criada FBE convidara atletas dos quadros da LPF e da Apea para, ao lado de jogadores cariocas, enfrentar o time profissional do Exeter City, em excursão pelo continente americano. O jogo, que terminou com a vitória do combinado brasileiro por 2 a 0, foi o ponto de partida para a construção da mítica superioridade do talento nacional em campo, mas sequer figura nos registros da FBE.

Dois meses depois desse primeiro jogo, novamente caberia à FBE a missão de preparar um selecionado brasileiro, agora visando ao atendimento de um compromisso oficial. Por iniciativa do ex-presidente argentino Julio Roca, então ministro das Relações Exteriores, foi programado um jogo entre as seleções de futebol dos dois países. Diferentemente do que acontecera no amistoso contra o time inglês, o caráter oficial da partida talvez tenha levado os dirigentes cariocas a adotar uma nova atitude na convocação dos jogadores de São Paulo: a LPF foi ignorada, e privilegiaram-se os atletas inscritos pelas equipes dissidentes da Apea. Indicando o caráter formal e toda a praxe diplomática então envolvidos no intercâmbio desportivo entre nações amigas, acompanharam a delegação brasileira na viagem a Buenos Aires vários dirigentes de clubes, além de membros de representações comerciais de empresas brasileiras. Uma semana antes da partida oficial, foi acertado um jogo preparatório. Nesse amistoso, o time argentino derrotou a equipe brasileira pelo placar de 3 a 0. No entanto, em 27 de setembro de 1914, o selecionado brasileiro venceu os anfitriões por 1 a 0, conquistando sua primeira vitória numa partida internacional oficial e recebendo o primeiro troféu da história da seleção brasileira de futebol. A taça, que viria a ser chamada de Copa Roca, em homenagem a seu idealizador, passou a ser objeto de disputa entre as duas seleções, realizando-se torneios com regularidade nos anos seguintes.

Em 1916, com Joaquim de Souza Ribeiro, Benedito Montenegro, Mário Cardim e Nascimento Brito na chefia da delegação, os brasileiros se dividiram entre as atividades esportivas e os arranjos políticos. A estreia da seleção em um campeonato continental ocorreu no dia 8 de julho, em uma partida contra a seleção chilena que terminou em empate de 1 a 1. Essa partida foi também a primeira em que a seleção usou o uniforme com listas verticais verdes e amarelas. Na partida seguinte, contra os donos da casa, o placar se repetiria, permitindo que o Brasil enfrentasse o selecionado uruguaio, no dia 12 de julho, com chances de conquistar o campeonato. A derrota por 2 a 1 para a *Celeste* deu aos uruguaios o título do primeiro torneio sul-americano. Se o sucesso parcial da seleção em seu primeiro campeonato foi motivo de euforia entre dirigentes e jornalistas, nos bastidores ainda era visível o embate de forças entre a recém-constituída CBD e os aliados de Mário Cardim.

Na noite de 9 de julho, durante um jantar comemorativo do centenário da nação Argentina, o uruguaio Heitor Gomes propôs a criação de uma confederação continental que reunisse as federações de futebol dos países sul-americanos. Os representantes dos quatro países participantes do torneio deliberaram então pela formação de uma comissão mista que deveria elaborar uma proposta de estatuto para a nova entidade. Valendo-se das suas boas relações com os dirigentes esportivos das nações platinas, Mário Cardim foi indicado para fazer parte da comissão. Por seu lado, prevendo uma manobra que pudesse neutralizar a legitimação da CBD, Joaquim de Souza Ribeiro solicitou sua admissão no conselho. O texto apresentado no dia 15 de julho previa a realização, ainda no ano de 1916, de um Congresso Sul-Americano de Futebol. Como Buenos Aires havia sido a anfitriã do primeiro torneio, Souza Ribeiro, com o apoio dos representantes argentinos, indicou a capital brasileira como sede do futuro congresso. Temendo um fortalecimento da corrente política com a qual se digladiava internamente, Mário Cardim apresentou a candidatura de Montevidéu, que viria a obter o apoio da maioria dos delegados presentes.

Em 17 de dezembro de 1916, os delegados reunidos na capital uruguaia aprovaram os estatutos e fundaram a Confederação Sul-Americana de Futebol. Uma vez estabelecido esse novo fórum de congraçamento das entidades representativas do esporte continental, Souza Ribeiro ingressou com o pedido formal de filiação da CBD. Certo de que obteria o tão almejado reconhecimento de um organismo internacional, o representante da CBD foi surpreendido com a notícia de que a FBF também havia encaminhado ofício reivindicando sua filiação. Com o apoio de Leon Peyrou, árbitro que atuara na partida amistosa entre Brasil e Argentina em 1914, Souza Ribeiro conseguiu apresentar toda a documentação que comprovava o acordo firmado em junho e o reconhecimento, pelas entidades presentes, do caráter unitário e soberano da CBD. Em seguida, foi encaminhado ofício à Fifa, no qual a CBD apontava o reconhecimento formal pela Confederação Sul-Americana de Futebol como prova da pacificação e unificação das entidades desportivas brasileiras. Dessa forma, no dia 28 de dezembro de 1916, a entidade mundial expediu o boletim de reconhecimento provisório da CBD. Vencida a etapa de formalização e reconhecimento, cabia à CBD a complexa tarefa de organizar e regulamentar as atividades esportivas no país. Para tanto, tratou-se logo da constituição da diretoria da entidade. Reunidos no dia 3 de fevereiro de 1917, os delegados homologaram a presidência de Arnaldo Guinle e indicaram Ariovisto de Almeida Rego para a primeira vice-presidência.

Mesmo sem conseguir contornar os diversos problemas que surgiam no processo de acomodação de forças políticas em seu interior, a CBD não abria mão de suas prerrogativas de representante internacional do esporte brasileiro. De acordo com o calendário da Confederação Sul-Americana de Futebol, o II Campeonato Sul-Americano seria realizado em 1917 na capital uruguaia. Apesar das dificuldades orçamentárias e organizacionais, a CBD empenhou-se em enviar jogadores e dirigentes a Montevidéu, principalmente para tentar reafirmar sua condição de centro desportivo em condições de ombrear-se com as pioneiras e influentes entidades do Uruguai e da Argentina.

Em campo, porém, o selecionado brasileiro não logrou grande êxito. Foi derrotado pela Argentina (2 x 4) e pelo Uruguai (0 x 4), vindo a vencer apenas em seu último compromisso, quando goleou o selecionado chileno por 5 a 0, em partida realizada no dia 12 de outubro. A campanha brasileira também foi marcada por diversos desentendimentos entre jogadores cariocas e paulistas, estes inconformados com o fato de o respeitado Sílvio Lagreca ter sido preterido em favor do carioca Chico Neto para a função de capitão da equipe. Ao chegar ao Rio, Mário Pollo, dirigente da LMEA e membro da delegação brasileira, apresentaria um relatório com uma recomendação de modernização da estrutura do futebol de competição. Para ele, nenhuma equipe brasileira teria condições de ser bem-sucedida internacionalmente se não tivesse um sistema de preparação e um técnico (*trainer*) que pudesse orientar os jogadores.

Se em campo os resultados da equipe deixaram a desejar, no território da articulação política a CBD pôde dar mostras de sua força. No congresso da Confederação Sul-Americana de Futebol, que antecedeu imediatamente o torneio, o Brasil apresentou sua candidatura a sede do próximo campeonato, em 1918. Mesmo com o protesto da comitiva chilena, a cidade do Rio de Janeiro foi escolhida como palco da terceira edição do encontro esportivo, que vinha buscando manter a sua regularidade. Em seu retorno ao país, os dirigentes da CBD celebraram a indicação do Rio, legitimação suprema para uma entidade que havia enfrentado sérios problemas na sua institucionalização. O presidente Arnaldo Guinle faria constar dos registros da CBD sua visão híbrida, oscilante entre ceticismo e euforia, acerca da situação financeira e organizacional da entidade:

> Usando de linguagem franca, diremos que muitas das medidas não se realizaram por nossa culpa, mas outras não foram possíveis pelo abandono em que nos deixaram os poderes públicos.
>
> É triste dizê-lo, mas essa é a verdade. Quando se pensa nos grandes benefícios que o desporto proporciona à mocidade, quando todos reconhecem que é dever primordial dos responsáveis pelo futuro do país preparar os moços para as lutas e a vida de amanhã, quando todos sabem que é indispensável para a grandeza do Brasil melhorar as condições físicas e fortalecer o caráter da juventude, não se compreende como os esforços dos que já se dedicam aos desportos não sejam auxiliados e amparados, quando não orientados, pelo governo (*Relatório da CBD*, 1918).

O destinatário evidente das queixas era o governo federal. Mesmo tendo contado com o apoio e a estrutura do Ministério das Relações Exteriores para a sua constituição, a CBD não recebia aporte financeiro de recursos públicos e lidava, inclusive, com a falta de uma sede própria. O documento evidencia a tentativa permanente, por parte dos dirigentes esportivos, de convencer as autoridades públicas a atentarem para o setor desportivo com maior comprometimento. Não apenas pela histórica tendência de nossas elites a buscar nas franjas do Estado um espaço de proteção para suas iniciativas, o que se constata a partir da posição assumida pelo presidente da CBD é que os empreendimentos necessários para se alcançar os objetivos da recém-criada entidade foram inicialmente subestimados. Ao lidar com entidades regionais ainda bastante incipientes em termos organizacionais e com clubes em estado de amadorismo, a CBD passava a se defrontar com a real medida das dificuldades inerentes à condução de um ambicioso planejamento de eventos desportivos (campeonatos nacionais, congressos, participação em fóruns internacionais) sem contar com uma sólida base organizacional e financeira.

Nenhum dirigente, no entanto, deixou de lado a condução de seus projetos. Para o III Campeonato Sul-Americano, preparou-se com alguma antecedência uma série de iniciativas destinadas a favorecer o sucesso do empreendimento. Algumas delas, no entanto, mostraram-se confusas e contraproducentes. Seguindo as orientações registradas por Mário Pollo, os dirigentes resolveram estabelecer, com bastante antecedência, a montagem e o treinamento do selecionado brasileiro. Como os jogos estavam previstos para o mês de maio, logo no início do ano de 1918 foi elaborada uma lista de jogadores escalados para o campeonato. A proposta inicial era realizar sequências de treinamentos no Rio de Janeiro, para que os jogadores se entrosassem e se familiarizassem com as condições das canchas em que poderiam vir a ser disputados os jogos. Para facilitar o deslocamento dos jogadores paulistas e garantir hospedagem na capital federal, a CBD decidiu adiantar o pagamento de uma ajuda de custo. Ao tomar ciência dessa ação, a Apea, aliada no processo de fundação da FBE e da CBD, decidiu questionar a pertinência do pagamento. Defensora dos princípios do amadorismo no esporte, a entidade paulista entendia que os recursos financeiros, mesmo que destinados ao custeio da viagem dos atletas, deturpavam seus princípios éticos. Esse atrito iria se agravar com o passar dos meses.

A epidemia de gripe espanhola, que vitimou cerca de 20 mil habitantes do Rio de Janeiro e áreas periféricas, representou, contudo, o fim do sonho do campeonato no Brasil. Em ofício à Confederação Sul-Americana de Futebol, o presidente da CBD informou o agravamento da situação sanitária na cidade e solicitou o adiamento da competição. Os dirigentes argentinos e uruguaios sugeriram, no entanto, que o campeonato de 1918 fosse cancelado e retomado no ano seguinte. A cidade brasileira continuava a ser a futura anfitriã do certame.

A suspensão do torneio, acalentado pelos representantes da CBD como um verdadeiro marco divisor da história do esporte nacional, também trouxe problemas internos para a entidade. Ciente de que a competição não mais se realizaria, o que tornava desnecessária a formação do selecionado brasileiro, a CBD solicitou que Friedenreich, Neco e Amílcar, jogadores paulistas arrolados na lista de atletas da seleção, devolvessem a ajuda de custo paga no início do ano. Os atletas se recusaram a abrir mão dos recursos recebidos e, surpreendentemen-

A construção da Nação Canarinho

te, a Apea, de início contrária ao pagamento, resolveu apoiar a atitude de seus afiliados. Em um primeiro momento, a CBD chegou a ameaçar a Apea de desfiliação, mas esta, sabedora dos riscos que poderiam advir do rompimento com uma entidade nacional formalmente constituída e internacionalmente reconhecida, recuou e passou a responsabilizar a LMEA pelo episódio da remuneração de seus atletas. Na prática, os dirigentes questionados pertenciam aos quadros das duas instituições. Ao redirecionar seu litígio para a entidade carioca, a Apea protegia-se de qualquer punição por parte da CBD. Permaneceu, no entanto, um saldo de desconfiança entre os dirigentes das duas principais cidades desportivas do país, o que municiaria novas crises em anos futuros.

O controle da epidemia de gripe espanhola, que deixou marcas trágicas na sociedade brasileira – incluindo a morte do presidente eleito Rodrigues Alves –, possibilitou a retomada do projeto de realizar no país o III Campeonato Sul-Americano. A confederação continental honrou o compromisso de manter a sede do torneio no Rio de Janeiro, e a CBD pôde avançar nos preparativos para o evento. Mesmo sem contar com aportes suficientes de recursos, a entidade conseguiu resolver alguns dos principais problemas percebidos no ano anterior. Entre eles se destacava a necessidade de um estádio em melhores condições que os disponíveis na cidade. Para atendê-la, desde o ano anterior, a diretoria do Fluminense F. C. empenhara-se na reforma e ampliação das instalações da cancha das Laranjeiras. O novo estádio, com condições adequadas para o atendimento do público e dos jogadores, foi concluído a tempo. A CBD novamente empenhou-se em dar aos atletas do selecionado brasileiro condições de treinamento.

Mais uma vez, Mário Pollo se responsabilizou pela montagem da equipe técnica. Como contava exclusivamente com cariocas, a comissão designada pela CBD para treinar e assessorar os jogadores foi duramente criticada por atletas e dirigentes paulistas. Porém, para além dessas disputas políticas, a realização do torneio confirmou muitas das expectativas de seus idealizadores. Primeiro, porque o esporte reafirmou sua condição de meio de expressão das construções imaginárias acerca da identidade nacional. Artistas, políticos e intelectuais, como o escritor Coelho Neto, manifestaram-se favoravelmente à disseminação da prática desportiva como elemento de ascensão social e de realização das aspirações e projetos relacionados à construção da identidade nacional brasileira. Em segundo lugar, porque o caráter lúdico e popular do futebol foi fortalecido. A presença do público nos jogos surpreendeu os organizadores e os delegados das demais nações representadas, evidenciando a lenta, porém irreversível, tendência de popularização de um esporte elitista em seu nascedouro. E, finalmente, porque o Brasil deu provas de competência tanto fora quanto dentro do gramado.

De forma eloquente, a equipe brasileira eliminou seus dois primeiros adversários com resultados dilatados. Diante do Chile, no jogo de abertura do torneio, aplicou uma goleada de 6 a 0, perante um público de 20 mil assistentes, entre os quais se destacava o presidente da República, Delfim Moreira. No compromisso seguinte, diante da forte seleção argentina, nova vitória, dessa vez por 3 a 1. Insuflada pela repercussão da estreia, a população afluiu ao campo do Fluminense para ter acesso às arquibancadas, provocando uma reação que motivou os jornalistas do *Correio da Manhã*, também eufóricos, a relatar a comoção popular.

A construção da Nação Canarinho

O nosso jogo ligeiro e o preparo de nossa rapaziada – preparo cuidadoso e longo – encheram de esperança os aficionados brasileiros, que, sob esta atmosfera, compareceram ao estádio da rua Guanabara. O movimento das ruas, desde a cidade até o campo, era formidável, havendo mesmo ocasião em que a rua das Laranjeiras, congestionada pelo trânsito de automóveis, bonés e auto-ônibus, ficava entupida, proporcionando à polícia um trabalho insano para restabelecer a normalidade. (...) O povo do Rio consagrou definitivamente o futebol como seu divertimento favorito. É o caso de lhe darmos os parabéns, por essa preferência que só pode trazer vantagens à mocidade patrícia, estimulada com o valioso apoio em preparar para o Brasil uma raça forte, nas qualidades morais e físicas, no aperfeiçoamento da alma e do corpo (Mazzoni, 1950:139).

Com esses resultados, a partida contra o Uruguai se tornava a própria decisão do torneio. Em um jogo dramático, com os atletas ainda abalados pelo falecimento do goleiro uruguaio Roberto Cherry em consequência de um choque na partida contra os chilenos, o selecionado brasileiro conseguiu reverter uma desvantagem inicial de dois gols e obter o empate. Com tal resultado, tornou-se necessária uma nova partida para o desempate, e esta se realizou no dia 29 de maio de 1919. As duas equipes precisaram disputar o tempo regulamentar seguido de duas prorrogações até que Friedenreich assinalasse o gol da vitória. A conquista do título sul-americano de futebol causou total euforia na cidade. Arnaldo Guinle reservou o refinado restaurante do Hotel Sul América para a recepção aos atletas. As chuteiras de Friedenreich foram exibidas na vitrine de uma das mais conhecidas lojas do centro da cidade. A bola do jogo foi levada até a sede da CBD, que provisoriamente funcionava nas instalações do Pavilhão Mourisco, na enseada de Botafogo, e foi depositada sob uma redoma de cristal.

Tensões nos anos 1920

Em contraste com a expectativa criada em 1919, a abertura da nova década não pareceu promissora ao futebol brasileiro. A mobilização popular e a afirmação do talento desportivo no campo de jogo não foram suficientes para redefinir o papel e a ação da CBD, tampouco para garantir que a participação de atletas brasileiros em competições internacionais resultasse em novas conquistas.

Assim, no IV Campeonato Sul-Americano, disputado em setembro de 1920 no Chile, o selecionado brasileiro não conseguiu se aproximar das boas exibições que lhe haviam garantido o título no ano anterior. Goleada pelo Uruguai (6 a 0) e derrotada pelos argentinos (2 a 0), a equipe assegurou o terceiro lugar graças à vitória pelo placar mínimo sobre os anfitriões na abertura do certame. No ano seguinte, no tumultuado torneio realizado na capital argentina, a equipe brasileira novamente seria derrotada por argentinos (1 a 0) e uruguaios (2 a 1), e deixaria o torneio com uma única vitória sobre os estreantes paraguaios (3 a 0), que substituíram o time chileno, que se recusara a participar do evento.

Em termos de política institucional, um novo período de crise se iniciou já em janeiro de 1920, com a substituição de Arnaldo Guinle na presidência da CBD. Na verdade, a sucessão de Guinle transcorreu dentro da mais plena normalidade institucional. Mas as gestões que se sucederam experimentariam períodos de grande tensão, provocados por denúncias de malversação de recursos e pela constante disputa entre cariocas e paulistas.

Em sessão realizada no dia 8 de janeiro de 1920, Ariovisto de Almeida Rego foi indicado pelos associados da CBD para a presidência da confederação no biênio subsequente. Militar que se destacara pela capacidade de intermediar conflitos e encontrar soluções conciliatórias, Almeida Rego era o substituto consensual de Guinle, principalmente porque já exercera a vice-presidência no mandato anterior. Seu currículo e sua familiaridade com os meandros da entidade não impediriam, porém, que sua gestão fosse marcada pela sistemática oposição de uma corrente de dissidentes, apoiada por dirigentes paulistas. O frágil equilíbrio seria abalado pela transferência do zagueiro Palamonte do Mackenzie para o Botafogo. Os dirigentes paulistas questionavam a forma como se tinham processado os contatos entre o time carioca e o jogador, alegando, inclusive, que teria havido a oferta de uma grande quantia para convencer o atleta. Negando-se a dialogar com os dirigentes da LMEA, a Apea recorreu à CBD. Esta, por sua vez, adotando uma postura pouco conciliatória, eximiu-se de toda responsabilidade e permitiu a filiação do jogador à liga carioca. Esse confuso ambiente ficaria ainda mais perturbado com a recusa do Paulistano a disputar com o Fluminense a Taça Iorudan, troféu que, desde 1917, era concedido ao vencedor da disputa entre os campeões das cidades do Rio e de São Paulo. Em consequência desses atritos, a Apea negou-se a ceder atletas para a seleção brasileira que compareceu ao IV Campeonato Sul-Americano em 1920.

O clima conflituoso entre os dirigentes gerou um desgaste na estrutura administrativa da CBD, provocando a renúncia e o afastamento de alguns dos membros da diretoria eleita em janeiro de 1920. Em abril de 1921, buscou-se uma solução política para o impasse que estava colocando em risco a própria manutenção da estrutura desportiva no país. Assumiu então a presidência o deputado José Eduardo de Macedo Soares, que chamou para si a responsabilidade de buscar respostas para os múltiplos problemas que enfrentava a CBD. Homem público polêmico, capaz de construir sólidas alianças, mas também de provocar as piores rusgas, Macedo Soares tinha em sua agenda três grandes objetivos: criar soluções políticas para o conflito Rio-São Paulo, viabilizar financeiramente a instituição (possivelmente com aporte de recursos públicos) e, finalmente, atender à demanda do governo federal, que propusera a realização de um grande evento esportivo internacional em 1922, ano em que se celebraria o Centenário da Independência do Brasil.

Duas semanas após sua posse na presidência, Macedo Soares convocou dirigentes cariocas e paulistas para discutirem os rumos das relações desportivas no país. No topo da pauta encontrava-se o problema específico da taça cuja posse era disputada pelos clubes Fluminense e Paulistano. A intenção do novo presidente era determinar a realização de um novo jogo, indicando aos grupos em conflito que, diante do conjunto de problemas que deveriam ser enfrentados pela CBD, uma solução conciliatória fortaleceria a posição da confederação. Ainda não inteiramente familiarizado com o intrincado jogo de interesses que opunha alguns dos representantes dos dois maiores centros esportivos brasileiros, Macedo Soares viu sua proposta ser desqualificada pelos membros da Apea. No entanto, para a consolidação de sua posição na direção da entidade desportiva nacional, era fundamental estabelecer uma trégua entre os grupos litigantes, nem que esta fosse apenas momentânea. Com o apoio da LMEA, que decidira recuar para favorecer as negociações em curso com o governo federal, Macedo Soares acertou então com os representantes do Paulistano e da LPF que a posse da Taça Iorudan não seria dada a nenhum dos dois clubes que a reclamavam. A opção pelo arquivamento do troféu significou uma clara concessão aos interesses paulistas, principalmente por ter sido acatada a sugestão de que a taça passasse a integrar o acervo do Museu do Ipiranga. Macedo Soares sabia que com esse movimento não estava resolvendo em definitivo as tensões entre cariocas e paulistas, mas deixava claro o seu desejo de criar condições para o bom funcionamento da entidade nacional.

O novo presidente defendia a posição de que o fortalecimento institucional da CBD era a forma mais segura de garantir condições de financiamento para o funcionamento da entidade. Para os dirigentes, a viabilização financeira da confederação dependia da obtenção de subvenções anuais do governo federal que lhe permitissem cobrir os custos administrativos e fomentar as atividades desportivas (o que incluía a participação de delegações brasileiras em campeonatos e torneios). A própria escolha de Macedo Soares para a presidência da CBD revelava um consenso quanto à necessidade de vincular a instituição aos mecanismos financiadores do poder público. Com grande influência entre senadores e deputados federais, e com um bom diálogo com alguns membros do governo federal, Macedo Soares era o personagem-síntese dessa interpretação do papel e do perfil mais adequados para a CBD. O próprio presidente da República, Epitácio Pessoa, o reconhecia como um homem dotado de capacidade política e gerencial para levar adiante seu projeto de promover um grande evento desportivo na comemoração do Centenário da

Independência. Diante do interesse do governo federal em acionar a CBD para participar da grande comemoração planejada para 1922, os dirigentes desportivos perceberam uma boa oportunidade de obter o apoio desejado para a estabilidade operacional da entidade.

Na primeira reunião realizada entre representantes da CBD e o presidente da República, ficou acertado que seria aberto um crédito de 300 contos de réis (que seriam liberados em duas parcelas consecutivas de igual valor), em nome da confederação, de forma que esta pudesse pôr-se em condições de dirigir e organizar os preparativos para os Jogos do Centenário. Também com o aval de Epitácio Pessoa, Macedo Soares se empenhou para que o relator do orçamento da União, o senador José Euzébio, incluísse uma emenda que previa uma dotação anual de 100 contos para a CBD. Mostrava-se, assim, acertada a estratégia de obtenção de subsídios para a manutenção da entidade, e evidenciava-se a quase total dependência dos então dirigentes desportivos em relação aos recursos públicos.

Em janeiro de 1922, oito meses após sua eleição, Macedo Soares deixou a presidência da CBD. Mesmo tendo conseguido grandes avanços na consolidação de um modelo de funcionamento, as tensões entre as entidades estaduais e, principalmente, a ainda frágil estrutura orçamentária da confederação contribuíram para sua decisão de afastar-se. O legado de Macedo Soares, evidente no fortalecimento da relação com o governo federal, não se estendeu à estabilização política da entidade. Contrariamente ao que ele próprio havia aventado em suas relações com a Apea, seu sucessor não veio da entidade paulista. A hegemonia carioca na CBD se manifestaria com a escolha, em 26 de janeiro de 1922, do ex-atleta do Fluminense Oswaldo Gomes para a presidência.

A iniciativa da CBD na promoção de eventos desportivos durante o ano de 1922 não se limitou aos Jogos do Centenário. A realização do VI Campeonato Sul-Americano no Rio de Janeiro, obedecendo ao sistema de rodízio de sedes estabelecido pela Confederação Sul-Americana de Futebol, veio somar-se aos festejos promovidos pelo governo federal. Ao lado da competição oficial, a CBD aproveitou a vinda dos selecionados ao país para organizar a disputa de mais uma Copa Roca (contra o selecionado argentino), da Taça Rio Branco (contra os uruguaios) e da Taça Rodrigues Alves (contra a seleção paraguaia). Na programação dos confrontos, teve o cuidado de destinar a São Paulo os jogos referentes às disputas das chamadas taças diplomáticas, distribuindo assim entre os dois grandes centros as apresentações do selecionado nacional de futebol.

O campeonato continental, mais uma vez disputado no estádio do Fluminense, teve início no dia 17 de setembro com a partida entre Brasil e Chile. Contrariando as expectativas, o selecionado local teve um desempenho insatisfatório, obtendo o empate (1 x 1) no final da partida. Além do resultado decepcionante, as contusões do goleiro Marcos Carneiro de Mendonça e do atacante Friedenreich lançaram sérias dúvidas sobre o futuro da equipe na competição. Nos jogos seguintes, novos empates com o Paraguai (por placar idêntico ao do jogo de estreia) e o Uruguai (0 x 0) forçaram o selecionado a enfrentar a Argentina com a obrigação de vencer. A vitória na rodada final não assegurava o título, uma vez que o Uruguai, que vencera os chilenos, precisaria de um empate com os paraguaios para se sagrar campeão. No entanto, esse confronto decisivo entre paraguaios e uruguaios tomaria uma direção inesperada. Oficiado pelo árbitro brasileiro Afonso de

Castro, o jogo terminou com a vitória paraguaia. O resultado forçava a realização de um triangular entre brasileiros, paraguaios e uruguaios, que encerraram o certame empatados em pontos. Os uruguaios, no entanto, acusaram o juiz brasileiro de ter facilitado a vitória paraguaia em benefício dos interesses brasileiros. Emitindo veementes acusações, a delegação retornou a Montevidéu sem tomar parte no turno decisivo. Com a desistência do Uruguai, o Brasil se sagrou mais uma vez campeão continental ao derrotar os paraguaios por 3 a 0 no jogo final do campeonato, realizado em 22 de outubro.

A atitude dos dirigentes uruguaios levou a CBD a suspender suas relações com o país vizinho, iniciando um litígio que se estenderia por longo período. Em consequência, foi suspensa a disputa da Taça Rio Branco, que teria lugar em São Paulo. Na capital paulista foram disputados os jogos contra argentinos e paraguaios, relativos às taças Roca e Rodrigues Alves. Uma semana após a partida decisiva disputada no Rio, o Brasil voltou a derrotar o Paraguai (3 x 1) e ficou com a posse do troféu. O dado curioso foi o fato de a seleção brasileira ter se sagrado campeã em dois torneios no mesmo dia. Por não haverem previsto a necessidade de um turno de desempate ao final do campeonato continental, os dirigentes brasileiros marcaram o jogo final da Copa Roca para a mesma data na qual foi agendada a partida decisiva do torneio disputado no Rio de Janeiro. Como os argentinos não tinham disponibilidade de data para um remanejamento da partida, foi preciso convocar um novo grupo de jogadores. A vitória por 2 a 1 assegurou novamente a posse do troféu para a equipe brasileira.

Rompidas desde o final do campeonato continental no ano anterior, as relações entre as entidades desportivas brasileira e uruguaia não haviam sido retomadas às vésperas da abertura da sétima edição do Campeonato Sul-Americano, que seria disputada, justamente, em Montevidéu. Inicialmente, Oswaldo Gomes, em nome da entidade que presidia, havia informado à Confederação Sul-Americana a desistência de enviar uma delegação para o torneio. Mesmo ciente da possibilidade de uma punição, a CBD manteve essa posição como forma de pressionar a entidade continental a manifestar-se formalmente sobre a atitude assumida pelos uruguaios no ano anterior. Devido à intermediação de uma representação argentina, a CBD decidiu-se afinal pelo envio de uma equipe para o torneio. No entanto, montou o selecionado com jogadores de pouco destaque e, na grande maioria, ainda inexperientes em partidas internacionais. O resultado foi o esperado. A seleção brasileira teve seu pior desempenho em torneios de futebol, sofrendo derrotas em todas as partidas que disputou.

O recuo brasileiro em relação aos uruguaios provocou reações extremadas em certos segmentos da imprensa e chegou a suscitar debates no plenário da Câmara dos Deputados. O que os críticos não levaram em conta foram as razões políticas que motivaram o abrandamento do litígio em relação à entidade platina. Naquele mesmo ano, a Fifa havia colocado em processo de avaliação os pedidos de filiação (em caráter definitivo) de algumas entidades nacionais, entre elas as do Brasil e do Uruguai. Argentinos e paraguaios, que já eram membros oficiais, ponderavam que a formalização do litígio, com a recusa em tomar parte num torneio organizado no Uruguai, prejudicaria o pleito das duas instituições. A notícia da filiação definitiva à Fifa, aprovada no dia 20 de maio, confirmou o acerto das medidas diplomáticas tomadas pelos dirigentes da CBD, que, no mesmo ano, também obtiveram a filiação junto à Federação Internacional de Atletismo.

A participação internacional dos esportes brasileiros também seria prejudicada pela crise política que impediria a ida de um selecionado para a disputa do VIII Campeonato Sul-Americano de Futebol. Ainda em consequência dos problemas ocorridos na rodada final do torneio de 1922, as relações entre as entidades brasileira e uruguaia se mantinham estremecidas. Por outro lado, a vitória da seleção do Uruguai na disputa pelo ouro nos Jogos Olímpicos de Paris fez com que seus dirigentes passassem a pleitear certas regalias nas deliberações da Confederação Sul-Americana sobre os rumos do torneio continental, organizado naquele ano pelos próprios campeões olímpicos. Diante do complexo quadro político sul-americano, a CBD optou por não disputar o torneio, decisão que se mostraria altamente contraproducente.

A CBD voltaria a enviar uma delegação para a disputa do IX Campeonato Sul-Americano de Futebol em 1925. Mesmo não sendo consensual a decisão de participar, a presidência da entidade considerou a ida ao torneio uma excelente oportunidade para encaminhar os termos de um acordo de pacificação com os uruguaios e reafirmar seu compromisso com o fortalecimento da confederação continental. Embora coubesse de direito aos dirigentes paraguaios a organização do torneio, as partidas tiveram que ser realizadas na Argentina, devido às precárias condições dos estádios guaranis. A delegação brasileira seguiu para Buenos Aires, sob a chefia de Renato Pacheco, mas encontrou problemas muito mais graves que o esperado. Após convincente vitória sobre o selecionado paraguaio (5 x 2), os brasileiros foram goleados pelos anfitriões (1 x 4) e passaram a depender de nova vitória sobre os paraguaios para permanecerem com chances de disputar o título. O ambiente, entre atletas e dirigentes, não se mos-

A construção da Nação Canarinho

trava muito tranquilo. Os jogadores preferiam passar horas nos clubes e cassinos portenhos a se submeter ao rigor das normas baixadas por Pacheco. Dessa forma, mesmo embalados pela segunda vitória sobre a seleção do Paraguai (3 x 1), foram a campo enfrentar os argentinos com visíveis sinais de desconforto. As rusgas verificadas no convívio entre os membros da delegação terminaram por fazer com que os jogadores não resistissem às provocações de jogadores e torcedores adversários. Hostilizados, os brasileiros envolveram-se em uma grande briga coletiva com jogadores, torcedores e jornalistas argentinos. O resultado final da partida (2 x 2), desfavorável às pretensões brasileiras no torneio, evidenciou a instabilidade da delegação e abriu espaço para uma série de pesadas críticas da imprensa carioca e fluminense à participação nos torneios internacionais.

Pela segunda vez no intervalo de três anos, o campeonato de futebol terminava com um saldo negativo para as relações entre as entidades desportivas que constituíam a Confederação Sul-Americana. Na imprensa brasileira, alguns jornais chegaram a defender o afastamento definitivo do Brasil da disputa de torneios internacionais. A CBD, que, em sua criação, havia se sustentado sobre uma argumentação que levava em conta o caráter diplomático das relações desportivas, tinha que conviver com um legado de beligerância no contato com seus vizinhos mais próximos no continente. Mesmo ainda sob o impacto dos acontecimentos no transcurso do IX Campeonato Sul-Americano, a delegação de representantes da CBD participou do congresso da confederação continental, no qual se discutiu a adoção de um novo calendário para a disputa do torneio. Cientes das dificuldades advindas da realização de um grande torneio a cada ano, os representantes sul-americanos mostraram-se favoráveis a uma periodicidade quadrienal para a competição. Nessa mesma reunião, fixou-se a data de 1927 para a realização da competição seguinte e acertou-se, após desistência dos delegados chilenos, que a capital brasileira voltaria a ser a cidade-sede do campeonato. Contrariamente ao que se havia deliberado, os dirigentes chilenos voltaram atrás e arguíram a legitimidade da reunião que designara a entidade brasileira como organizadora do próximo certame. Em reunião extraordinária, a Confederação Sul-Americana cancelou a indicação brasileira e concedeu aos chilenos o direito de serem os anfitriões do torneio continental de futebol.

Diante do quadro político montado, a direção da CBD decidiu não recuar em sua posição e colocou-se contrária ao que fora decidido pelos seus pares. O desfecho levaria ao rompimento entre a entidade brasileira e a Confederação Sul-Americana.

Com o desligamento da Confederação Sul-Americana de Futebol, a CBD assumiu momentaneamente uma postura isolacionista em suas relações internacionais e passou a privilegiar a solução de seus problemas internos. Na pauta das preocupações, uma vez mais encontrava-se a histórica disputa política entre dirigentes do Rio e de São Paulo. No entanto, o campo de disputas estava alargado por novas fontes de tensão. Tanto a Apea quanto a Associação Metropolitana de Esportes Atléticos (Amea) passavam a lidar, em seu quadro de clubes associados, com o crescimento do debate em torno da legalidade da profissionalização das atividades desportivas, em especial dos atletas de futebol. A tendência majoritária entre os dirigentes das associações mais tradicionais era manter o caráter amador entre seus atletas e associados. Porém, seguindo uma clara tendência observada nos principais centros esportivos

A construção da Nação Canarinho

mundiais, alguns dirigentes passaram a remunerar os atletas, contribuindo para um desequilíbrio na correlação de forças entre as equipes e, consequentemente, entre as agremiações.

Dos grandes projetos abraçados pela CBD, o mais importante continuava a ser a realização anual do Campeonato Brasileiro de Futebol, disputado por seleções estaduais. Tanto em termos de visibilidade quanto em termos de arrecadação, o campeonato constituía o objeto de maior interesse dos dirigentes da confederação. Na segunda edição do torneio, o balanço da tesouraria da CBD indicou um saldo líquido de 101 contos de réis, valor que passou a integrar a receita da instituição. Na edição seguinte, realizada em 1925, a popularização da disputa e a incorporação de novos selecionados fez com que o saldo atingisse a casa de 328 contos. No terceiro campeonato, passaram a tomar parte no torneio as equipes do Amazonas, Paraíba e Espírito Santo. Os jogos foram novamente organizados por zonas nas quais se disputavam as fases eliminatórias, e a final colocou mais uma vez face a face os selecionados paulista e carioca. Na decisão, após empate no tempo normal e nos acréscimos, foi necessária a realização de um jogo extra que conferiu ao time do Rio o segundo título nacional.

Diante dos bons resultados associados à realização do torneio de futebol, o presidente da CBD afirmaria:

O futebol é, dentre todos os desportes superintendidos pela CBD, o mais difundido pelas entidades regionais e é o único que, praticado por quase todas as sociedades terrestres, reúne, por isso mesmo, maior número de desportistas e entusiastas, exercendo, *et pour cause*, decisiva influência vital nos meios desportivos. Desporto essencialmente popular, aclimatou-se de forma tal em nosso meio que constitui hoje, para a maioria de nossos desportistas, o verdadeiro desporto nacional. Da influência do futebol tem a CBD tirado os elementos precisos à propaganda, organização e difusão dos demais desportos (*Relatório da CBD*, 1925/26).

Nos anos seguintes, a CBD experimentaria um estranho paradoxo. O aparente bom encaminhamento das relações com as entidades carioca e paulista mascarava o nível de problemas que necessitavam ser tratados pela direção máxima da CBD. Os dois maiores centros desportivos do país encontravam-se agitados por inúmeras crises e cisões políticas internas. Sem a pacificação de suas entidades, era praticamente impossível operar o convívio entre os muitos grupos que se faziam representar na confederação nacional. Também em sua relação com as entidades internacionais, a CBD encontrava sérios obstáculos. A decisão da Fifa de promover o I Campeonato Mundial de Futebol no Uruguai (país que conquistara o bicampeonato olímpico na modalidade) levava os dirigentes brasileiros a ponderarem acerca de sua relação com os vizinhos e com a própria Confederação Sul-Americana, da qual haviam sido desligados. Se não bastassem tais questões, os rumos da profissionalização no universo esportivo e o novo direcionamento da política nacional, com a chegada de Getúlio Vargas ao Catete, definiriam a grande pauta de ações institucionais na década que se avizinhava.

Capítulo 2

O futebol na agenda da gestão estatal

As tensões observadas nas relações políticas e econômicas brasileiras ao longo dos anos 1920 ganhariam contornos drásticos na virada da década. O enfraquecimento do pacto entre as oligarquias estaduais, as sucessivas revoltas tenentistas e a queda acentuada dos preços internacionais do café, principal produto de exportação do país, eram os sinais mais evidentes de que as estruturas da Primeira República estavam fragilizadas. Por tudo isso, a eleição presidencial marcada para 1º de março de 1930 tendia a ser a mais radicalmente disputada de toda a história republicana. Nela iriam enfrentar-se dois candidatos e dois projetos para o país: de um lado, Júlio Prestes, o candidato oficial, cuja vitória significaria a manutenção da hegemonia política da oligarquia paulista, de outro, Getúlio Vargas, o candidato da oposição, representada por mineiros, gaúchos e paraibanos reunidos na Aliança Liberal. Embora não pretendessem alterar a posição do café como principal eixo de sustentação da economia nacional, os aliancistas contestavam a forma como o grupo paulista conduzia a gestão dos assuntos públicos. Por trás das críticas imediatas a Júlio Prestes e aos grandes cafeicultores paulistas, a Aliança Liberal propunha assim um novo modelo de organização da esfera pública no Brasil.

Como era previsto, o candidato oficial venceu a eleição, por uma diferença superior a 300 mil votos. Diferentemente de outras ocasiões, porém, os derrotados contavam com sólidas bases políticas para tentar estender a disputa ao período pós-eleitoral. Imediatamente após a promulgação dos resultados, os líderes da Aliança Liberal levantaram a acusação de fraude. Com isso, a instabilidade política agravou-se. Paralelamente, crescia a dificuldade para encontrar mercado externo para os produtos brasileiros, em face da crise econômica mundial acelerada pela quebra da Bolsa de Nova York no ano anterior. Afinal, no dia 3 de outubro, movimentos armados eclodiram simultaneamente no Rio Grande do Sul, em Minas e no Nordeste. Era o início da Revolução de 1930, que em um mês depôs o presidente Washington Luís e conduziu Getúlio Vargas ao poder. Não só a agitação que sacudiu o ano de 1930, mas também a política do governo que então se iniciava teriam reflexos na gestão do esporte no país, em especial do futebol.

A primeira Copa do Mundo

Para a CBD, o ano de 1930 se abriu com perspectiva de duas competições importantes: o Campeonato Brasileiro de seleções estaduais e o I Campeonato Mundial de Futebol. A necessidade de definir uma posição em relação ao torneio mundial, mas também o debate sobre a profissionalização dos esportistas aumentavam o desconforto entre os dirigentes das associações paulistas de futebol e a diretoria da confederação. Por iniciativa da Apea, uma primeira decisão foi tomada: o campeonato nacional não seria realizado naquele ano. O motivo alegado era a tensão política que se agravava em muitos estados, mas ao lado disso havia também a intenção de promover uma trégua entre as lideranças desportivas, principalmente no estado de São Paulo, onde a Apea e a Liga Atlética de Futebol (LAF) viviam em permanente disputa. O ônus de tal iniciativa não pode ser desconsiderado: em face dos escassos recursos públicos com que a CBD contava, o Campeonato Brasileiro de Futebol representava a mais significativa fonte de receita para os cofres da confederação. Com seu cancelamento, as dificuldades orçamentárias da CBD se agravariam. Esse prognóstico não era nada bom, sobretudo diante dos possíveis gastos com a preparação e o envio de uma delegação ao torneio mundial que estava sendo organizado pela Fifa no Uruguai.

A ideia do Campeonato Mundial surgira logo após o encerramento dos Jogos Olímpicos de 1928, realizados na cidade-sede da Fifa, Amsterdã, quando os delegados questionaram a conveniência de se manter o torneio internacional de seleções de futebol no âmbito das Olimpíadas. O antigo projeto do presidente da Fifa, Jules Rimet, de realizar um torneio autônomo, passou a ser seriamente cogitado quando os representantes uruguaios, estimulados pela segunda conquista consecutiva do ouro olímpico, ofereceram-se para arcar integralmente com as despesas de organização da Copa Fifa. Pouco depois, no Congresso Internacional da Fifa, em Barcelona, decidiu-se formalmente que o torneio seria realizado em 1930 na capital uruguaia. A escolha da data do torneio, que coincidiria com a celebração do Centenário da Independência do Uruguai, refletia a intenção da Fifa de atender à pretensão dos delegados uruguaios de fazerem da sua seleção, detentora de dois títulos olímpicos, um símbolo da nacionalidade. Mesmo com o histórico pouco favorável das relações entre as entidades representativas do futebol no Brasil e no Uruguai, o enviado da CBD ao congresso, o diplomata Lafayette de Carvalho e Silva, manifestou apoio à candidatura uruguaia e assegurou a participação do Brasil na competição.

Cabia, portanto, à direção da CBD tomar uma decisão política: deveria manter o afastamento em relação à Confederação Sul-Americana, motivado pela problemática definição da sede do torneio continental de 1927, ou buscar uma reaproximação, tendo em vista a interlocução com a Fifa? A princípio, o presidente da CBD pareceu tender para a segunda hipótese. Buscando consolidar sua posição na comunidade da Fifa, na qual havia ingressado poucos anos antes, Renato Pacheco não só instruiu o representante brasileiro em Barcelona a hipotecar apoio à pretensão uruguaia, como ofereceu um almoço aos jogadores uruguaios, campeões em Amsterdã, na elegante sede do Jockey Clube Brasileiro, por ocasião de sua escala no porto do Rio de Janeiro. No entanto, a posição oficial da CBD apresentou uma nuança importante: seria feita a aproximação, sim, mas com a indicação clara dos limites do gesto. Era preciso deixar explícito que a retomada de um bom relacionamento com a Federação Uruguaia não significava a aceitação total das medidas tomadas pela Confederação Sul-Americana. Também era fundamental salientar que, embora não desejassem transferir para a Fifa sua disputa com a entidade continental, os representantes brasileiros só aceitariam a retomada do diálogo com a Confederação Sul-Americana se houvesse um grande acordo político e, principalmente, se fosse aceita a reivindicação dos delegados brasileiros no Congresso de Buenos Aires: a

A construção da Nação Canarinho

mudança do modelo de competição do Campeonato Sul-Americano de Futebol.

Se, no plano internacional, a CBD conseguiu costurar suas relações diplomáticas dando apoio à realização do Campeonato Mundial no Uruguai, no plano interno, a preparação para a disputa do torneio agravou as fissuras entre a entidade nacional e os dirigentes paulistas. Com o anúncio do envio de um selecionado brasileiro a Montevidéu, os dirigentes da Apea passaram a questionar a forma como a confederação lidava com a preparação do time nacional. Especificamente, a Apea solicitou a incorporação de Jorge Caldeira, um dos membros da comissão de esportes da entidade, ao grupo de delegados da CBD que acompanharia o trabalho de preparação da seleção. Inicialmente a direção da CBD procurou adiar a resposta, mas, diante da insistência dos comunicados enviados pela Apea, decidiu indeferir o pedido, alegando que seus estatutos fixavam um número máximo de três delegados, os quais já haviam sido formalmente designados.

Sem consultar os dirigentes de São Paulo, a CBD enviou em seguida ao presidente da Apea, Elpídio de Paiva Azevedo, a lista de 15 jogadores da própria Apea selecionados para compor o time brasileiro no Campeonato Mundial. Em correspondência datada de 7 de junho de 1930, portanto a menos de um mês do embarque dos jogadores para o Uruguai, os dirigentes paulistas alertaram para a decisão unilateral de Renato Pacheco, que havia ampliado para cinco o número de membros da comissão encarregada do selecionado (além de Píndaro de Carvalho Rodrigues, Egas de Mendonça e Gilberto de Almeida Rego, foram indicados como suplentes João Paulo Vineli de Moraes e Fabio de Oliveira), demonstrando indignação diante da condução do processo pela CBD. Finalmente, no dia 12 de junho, Elpídio Azevedo assinou carta comunicando que a Apea se negava a ceder seus jogadores.

Ao adotar uma posição extrema, a entidade paulista procurava forçar a capitulação dos dirigentes da CBD. Afinal, com a retirada dos 15 jogadores paulistas, apenas oito dos 23 selecionados permaneceriam na equipe que seguiria para Montevidéu. Por seu lado, a CBD, preocupada em manter a sua legitimidade institucional, temia que um recuo àquela altura pudesse ser interpretado como uma fraqueza de sua direção e viesse a fortalecer as aspirações paulistas de controlar o futebol brasileiro. Nessa intrincada pauta política, certamente também entrava a delicada questão do reconhecimento do profissionalismo, a que a CBD, favorável ao amadorismo, fazia férrea oposição. Assim, utilizando-se de métodos questionáveis, a entidade nacional firmou sua posição, mas teve, em contrapartida, que seguir para o primeiro torneio da Fifa com uma equipe improvisada, que incluía um único atleta paulista: tratava-se de Araken Patuska, que naquele momento estava sem vínculo oficial com o Santos. Com o planejamento esboçado pela comissão esportiva preparatória arruinado, alguns jogadores tiveram que ser testados fisicamente no convés do navio que seguiu para o Uruguai, sob a supervisão do chefe da delegação, Afrânio da Costa.

O preço dessas indefinições e da fragilidade do elenco tornou-se evidente logo na estreia da Copa da Fifa. Contra os iugoslavos, no dia 14 de julho de 1930, o Brasil conheceu sua primeira derrota, por 2 a 1. O gol de honra, marcado no segundo tempo da partida, foi assinalado por Preguinho, jogador do Fluminense e filho do escritor Coelho Neto, entusiasta da prática do futebol no Brasil. Mesmo derrotando os bolivianos na segunda partida, realizada em 22 de julho, os brasileiros foram eliminados da competição ainda em sua primeira fase.

No Brasil, a imprensa se dividiu entre os que acusavam a CBD de ter agido de forma intransigente em relação aos paulistas e os que culpavam a Apea por não ter sabido superar suas pretensões particulares em nome do interesse do desporto nacional. Sem possibilidade de manter um diálogo cooperativo com as lideranças paulistas, o presidente Renato Pacheco aguardou o retorno da delegação para convocar, em 1º de agosto de 1930, a reunião da diretoria da CBD que decidiria a suspensão da Apea das atividades promovidas pela confederação. A suspensão foi aprovada, mas seria revogada oito meses depois, no dia 7 de abril de 1931, após alguns sinais de aproximação entre as duas entidades. Com isso, a Apea pôde se fazer representar no Campeonato Brasileiro de 1931. Esse torneio, além do caráter simbólico de apaziguamento de um conflito que havia chegado ao extremo do rompimento no ano anterior, tornou-se célebre porque foi o cenário da troca de guarda entre duas brilhantes gerações de craques. Foi o último Campeonato Brasileiro de Seleções Estaduais a contar com a participação dos craques paulistas Friedenreich (que já estava com 39 anos ao final da competição) e Feitiço, e o primeiro em que se destacaram os jovens talentos cariocas de Leônidas da Silva e Domingos da Guia. O selecionado da capital federal reconquistou o título após a série final, disputada em três partidas, derrotando o time paulista.

Enquanto as tensões políticas internas eram contornadas, também no plano internacional a crise com a Confederação Sul-Americana foi superada após o congresso continental de 1931. Diante da decisão dos delegados de reverem as posições firmadas no biênio 1925/26, a CBD julgou que suas reivindicações haviam sido atendidas e que estava aberto o caminho para seu reingresso na entidade. Apesar da disposição manifestada pelos dirigentes sul-americanos, o Campeonato Sul-Americano não pôde ser realizado em 1931, em grande parte devido à falta de disponibilidade na agenda das diferentes entidades nacionais. No entanto, a CBD conseguiu estabelecer com a Associação Uruguaia de Futebol a realização de uma partida válida pela Taça Rio Branco. O torneio, proposto desde os anos iniciais de funcionamento da CBD, fora cancelado após os atritos decorrentes do final do Sul-Americano de 1922. Na nova versão da disputa internacional, realizada no dia 6 de setembro de 1931, o selecionado uruguaio veio ao Rio de Janeiro e foi derrotado pelo placar de 2 a 0. Em dezembro do ano seguinte, conforme o rodízio acertado entre as duas federações, a seleção brasileira seguiu para Montevidéu e lá conquistou pela segunda vez a taça com a vitória de 2 a 1 sobre os anfitriões em pleno estádio Centenário.

Amadores ou profissionais?

A gradativa normalização das relações da CBD com seus parceiros continentais encontraria um obstáculo na regulamentação do profissionalismo que começava a ocorrer em países da América do Sul. Internamente, a discussão sobre o estatuto profissional dos atletas já havia provocado atritos entre a CBD e as entidades estaduais. Apesar de a Apea e de alguns clubes congregados à Amea já terem encaminhado à CBD requisições para a formalização de contratos que previam a remuneração regular dos jogadores, a entidade nacional se mantinha firme em sua posição de conceber o esporte como uma atividade eminentemente amadora, não passível

A construção da Nação Canarinho

de qualquer forma de remuneração que viesse a caracterizar o exercício esportivo como uma espécie de trabalho formal. Essa situação poderia perdurar por longo tempo se não estivessem ocorrendo, naquele início da década de 1930, dois processos autônomos que acelerariam uma tomada de decisão: o interesse manifesto de clubes estrangeiros em contratar atletas brasileiros e a política de valorização do trabalhador do governo Vargas.

Já no início da década, emissários de clubes italianos, favorecidos por contatos com a grande colônia de imigrantes que residia na capital paulista, passaram a frequentar os clubes de futebol e a sondar os atletas sobre a possibilidade de transferência para agremiações europeias. Esse tipo de ação era facilitado por uma ambiguidade que atingia o futebol brasileiro. Embora a CBD e os tribunais de justiça não reconhecessem qualquer vínculo empregatício formal entre clubes e atletas, a Fifa, ao preconizar que todo jogador que não estivesse sob contrato com uma associação esportiva poderia transferir-se livremente para outra, criava condições de negociação. Dessa forma, a defesa de uma postura pró-amadorismo resultava na abertura de um grande mercado para clubes estrangeiros contratantes.

O caso de maior repercussão foi o da visita de um representante do clube romano da Lazio aos atletas do Corinthians em 1931. Sem poder alegar que houvesse um vínculo entre os jogadores e o clube, a agremiação tricampeã paulista viu alguns de seus principais expoentes (tais como Filó, Rato, Del Debbio) serem contratados pelo emissário italiano. No Rio de Janeiro, Jaguaré e Fausto, que haviam excursionado com o Vasco da Gama na Europa, decidiram aceitar a oferta de um contrato remunerado no velho continente. As ofertas de contratos profissionais não vinham apenas da Europa. Em 1931, com a mudança da legislação esportiva na Argentina, os clubes foram autorizados a estabelecer vínculos empregatícios com os seus atletas. Poucos dias após a promulgação da nova legislação no país vizinho, os dirigentes do Clube San Lorenzo de Almagro estiveram na capital paulista e contrataram cinco jogadores do São Paulo Futebol Clube. No ano seguinte, com o advento do profissionalismo no futebol uruguaio, Montevidéu passou a ser um novo polo de atração para os jogadores brasileiros.

Embora o governo federal não tivesse ainda estabelecido um referencial legal para a regulação da atividade profissional desportiva, a gradual formulação de uma legislação trabalhista no país não deixava muitas dúvidas sobre o caminho que o mundo esportivo brasileiro deveria trilhar. Ainda assim, alguns dirigentes, e especialmente a entidade máxima do esporte no país, resistiam obstinadamente à ideia da remuneração e da formalização contratual da relação entre atleta e clube, vista como algo que conspurcava o ideal do esporte amador que seduzira as elites nacionais no início do século XX. Em São Paulo, contudo, os clubes associados à Apea foram gradativamente assumindo uma postura favorável à profissionalização do futebol. Essa tendência, que resultou na suspensão completa dessa modalidade de esporte no Clube Paulistano (pelo fato de sua diretoria ser radicalmente contrária à remuneração de atletas), fez da Apea uma referência para o movimento político favorável à adoção de novas formas de relacionamento entre clubes e jogadores. No Rio, esse processo foi um pouco mais complexo, em grande medida devido à proximidade entre os dirigentes dos clubes e a alta direção da CBD, que manifestava frontal oposição ao profissionalismo.

No entanto, no segundo semestre de 1932, um grupo de dirigentes cariocas, alguns deles representantes de agremiações tradicionais, passou a discutir a viabilidade da implantação da profissionalização entre seus atletas. Mesmo diante da resistência explícita da CBD, a percepção dos sinais nacionais e internacionais levava a um movimento favorável ao novo formato de vínculo atlético. No início de 1923, dirigentes do América, Bangu, Fluminense e Vasco, favoráveis à profissionalização, criaram a Liga Carioca de Futebol (LCF). Por não concordarem com o estatuto do profissionalismo, os representantes do Botafogo, Flamengo e São Cristóvão optaram por permanecer na Amea, que se mantinha fiel ao amadorismo.

A aproximação entre a entidade paulista e a recém-fundada liga carioca veio a ganhar contornos formais em uma carta conjunta firmada logo após a recusa da CBD a reconhecer a LCF como entidade responsável pela organização do futebol profissional no Distrito Federal. Mesmo não sendo um instrumento legal, o protocolo estabelecia o compromisso das duas entidades de organizarem um campeonato interestadual de jogadores profissionais. Sem que fosse feita qualquer menção à entidade máxima desportiva no país, as duas associações pareciam afirmar implicitamente que não dependiam da anuência da CBD para a implementação de suas propostas, constituindo, dessa forma, um modelo paralelo de gestão dos assuntos relacionados ao futebol. Em um texto curto, pouco elucidativo em seus detalhes, os signatários buscavam também definir os marcos reguladores do esporte profissional no Brasil. Com cláusulas que vedavam a contratação de um atleta sob compromisso remunerado com outro clube e que definiam os prazos de vigência dos contratos a serem estabelecidos entre jogadores e clubes, o documento instituía um padrão mínimo de funcionamento para os clubes associados ao projeto de profissionalização.

No decorrer de 1933, a adoção do profissionalismo se verificou também nos estados do Rio de Janeiro, Minas Gerais e Paraná, tornando evidente que se estava diante de um novo marco da prática desportiva. A CBD, contudo, alheia a todas as transformações que vinham ocorrendo nos estados brasileiros e à aprovação, pela Fifa, das entidades nacionais que haviam adotado a remuneração dos atletas, resistia tenazmente à ideia de oficializar as relações profissionais no esporte. Essa postura, indicativa do tradicionalismo de alguns segmentos das elites nacionais, revelava uma avaliação equivocada da gradativa adesão dos clubes e associações à profissionalização. A recusa a admitir novos referenciais para o cenário esportivo também pode ser entendida à luz das antigas disputas entre os grupos carioca e paulista pelo controle da entidade nacional. Para alguns dos dirigentes da CBD, a campanha pela adoção do regime profissional no esporte camuflava um plano dos dirigentes paulistas, que tentavam, havia décadas, desestabilizar o grupo que controlava politicamente a confederação. Ao lado dessa leitura política do problema, havia ainda uma questão operacional, uma vez que o reconhecimento da validade do profissionalismo no futebol pela CBD poderia acarretar uma pressão semelhante de outras modalidades esportivas, o que iria gerar uma complexa redefinição de atribuições e competências na gestão dos desportos. Da mesma forma como havia agido em outras situações extremas, a direção da CBD optou pelo silêncio e pelo imobilismo, não aceitando rediscutir a questão com as entidades regionais.

Os claros indícios de que a posição da CBD em relação ao profissionalismo não seria alterada fizeram com que os dirigentes da Apea e da LCF resolvessem se empenhar na criação de uma entidade nacional que avalizasse o futebol profissional. Tendo por base o protocolo de cooperação firmado entre as duas associações, foram elaborados os estatutos de uma entidade paralela, dissidente, que buscaria angariar o maior contingente de afiliados comprometidos com a institucionalização e a disseminação do futebol profissional. Assim, no dia 26 de agosto de 1933, na sede do Palestra Itália, os presidentes da Apea, Jorge Caldeira, e da LCF, Raul Campos, firmaram o documento que fundava a nova Federação Brasileira de Futebol (FBF).

A escolha do nome da nova entidade vinculada ao futebol profissional denotava, por um lado, o objetivo de pleitear junto à Fifa o reconhecimento como entidade nacional exclusivamente voltada para o futebol. Por outro lado, indicava que os embates contra o modelo de organização política da CBD seriam uma reedição daqueles capitaneados na década de 1910 pela antiga FBF paulista contra a antiga FBE carioca. A presença de dois ex-presidentes da CBD, Arnaldo Guinle e Oscar da Costa, no conjunto de delegados que deliberaram criar a nova entidade revelava inequivocamente o tamanho da cisão que se havia instalado nos meios futebolísticos. Por sugestão de Guinle, a nova FBF passou a ter sua sede na capital da República. Dessa forma, tanto a entidade se desvinculava da ideia de que seria uma mera dissidência paulista, como se colocava no centro das articulações políticas, podendo atuar em constante contraponto à CBD. Atendendo aos antigos interesses dos dirigentes paulistas, o médico Sérgio Meira, associado ao São Paulo Futebol Clube, foi escolhido para a presidência da FBF. Com esse movimento buscava-se formar bases políticas para um grande acordo nacional, iniciativa que a CBD não havia até então conseguido concretizar.

Uma das primeiras iniciativas da primeira diretoria da FBF teve por objetivo afirmar o caráter interestadual da nova entidade. Uma vez que a CBD organizava o Campeonato Brasileiro de seleções estaduais de futebol, a nova federação propôs o campeonato brasileiro de clubes de futebol profissional. No entanto, como só as associações de São Paulo e do Distrito Federal estavam formalmente filiadas à FBF, o torneio de 1933 contou apenas com os times dos dois grandes centros futebolísticos, sendo portanto a gênese do Rio-São Paulo, disputa que se consolidaria como uma das mais tradicionais do esporte brasileiro. O potencial de crescimento da FBF, aliado à capacidade de apresentar soluções eficazes para o esporte profissional, fez com que a CBD decidisse partir para o confronto aberto. Enquanto, internacionalmente, seus representantes tentariam impedir o reconhecimento da FBF pela Fifa, internamente o objetivo seria desestabilizar as lideranças que davam sustentação à entidade rival.

Percebendo que a tendência pró-profissionalização não se havia ainda afirmado em todos os clubes a ela filiados, a direção da CBD resolveu enfraquecê-la através da fundação de uma entidade concorrente na capital paulista. Dessa forma, foi criada a Federação Paulista de Futebol (FPF), defensora dos princípios amadores, a qual, sob a presidência de José da Silva Freire, obteve o apoio inicial do Juventus (que viria a adotar o nome de Florentino), do Paulista e do SPR.

A CBD, aparentemente, não dispunha de argumentos efetivos que pudessem se contrapor ao bem-sucedido início da profissionalização. Buscando estabelecer condições para o funcionamento das entidades amadoras, promoveu, no início de 1934, o campeonato de seleções não disputado no ano anterior. Sinal inquestionável do enfraquecimento dos clubes amadores causado pelo advento do profissionalismo foi a vitória do selecionado baiano, até então um mero figurante em torneios dominados por paulistas e cariocas. Por mais que a CBD se preocupasse em encontrar soluções para a manutenção do futebol amador, a legitimidade conquistada pela FBF possibilitava que os times profissionais dominassem o cenário futebolístico.

A dualidade trazida pela coexistência das duas entidades, símbolos evidentes de dois universos esportivos não complementares que postulavam cada um por seu lado a hegemonia institucional, estabelecia um ambiente de completa desregulamentação das relações desportivas. Os efeitos desse impasse influenciaram a preparação do selecionado nacional que disputaria a segunda edição da Copa do Mundo da Fifa, a ser realizada na Itália. Embora a Amea tivesse proposto, em março de 1934, que a CBD acenasse para a FBF com a adoção de um regime misto no futebol, caso a Apea e a LCF contribuíssem com seus jogadores para a seleção, a entidade responsável pelo futebol profissional descartou qualquer possibilidade de diálogo. Sem a cooperação das duas entidades estaduais que contavam com o maior número de jogadores de expressão, a CBD incumbiu Carlito Rocha, dirigente do Botafogo e filiado à Amea, da direção do selecionado. Embora fosse um radical defensor do amadorismo, Rocha sabia, com base nos resultados dos campeonatos promovidos pela CBD e pela FBF, que a ausência dos jogadores dos times profissionais resultaria num selecionado nacional de baixo nível técnico. Mesmo contrariando seus princípios desportivos, passou assim a convocar esses jogadores, a despeito da negativa de seus dirigentes. O mais contraditório nessa postura foi o fato de a CBD ter autorizado o pagamento de 30 contos de réis para cada jogador profissional convocado, com "ajudas de custo" mensais de mais um conto de réis. Com esse incentivo, alguns jogadores do São Paulo e do Vasco da Gama aceitaram deixar seus times, com os quais mantinham contrato, para servir à CBD.

Todo esse impasse que precedeu a montagem do elenco, bem como a situação de quase clandestinidade dos atletas profissionais no selecionado praticamente impediram que houvesse um período preparatório antes do torneio. Os jogadores foram obrigados a realizar treinos durante a longa viagem de navio à Itália, no convés da embarcação. Antes de chegar a seu destino, o navio fez escala em Barcelona, e aí os jogadores puderam realizar um breve treinamento coletivo sob a direção do técnico Luis Vinhais. Foi também em Barcelona que embarcaram os jogadores espanhóis, adversários do Brasil em sua estreia na competição. Não foi grande surpresa a derrota da seleção nessa estreia (1 x 3), o que impediu que a equipe prosseguisse na competição. Com a eliminação, o time comandado por Carlito Rocha e treinado por Vinhais fez uma longa excursão pela Europa, durante a qual enfrentou o selecionado iugoslavo (que aplicou nos brasileiros uma goleada de 8 a 4) e diversos combinados e times da Europa Oriental, Espanha e Portugal. Embora os amistosos tivessem resultado em um bom aporte de recursos para a CBD, atenuando as despesas com a remuneração dos atletas que se apresentaram para servir à seleção, o balanço da participação na Copa e nos amistosos foi pouco alvissareiro. Uma vez mais, as dificuldades enfrentadas pela CBD comprometiam o desenvolvimento do esporte no país.

Intervenção do Estado: a criação do CND

Esse ambiente tumultuado não passava despercebido às autoridades do governo federal. Mesmo se tratando de uma enti-

A construção da Nação Canarinho

dade privada, o enfraquecimento da CBD e a descentralização de seu comando opunham-se radicalmente ao tom geral do processo de construção do Estado nacional que o governo Vargas vinha empreendendo. Nesse processo, o esporte tornava-se cada vez mais uma prioridade na agenda de interesses dos gestores públicos. Vários aspectos podem ser apontados para explicar essa postura oficial. Em primeiro lugar, o esporte estava relacionado à expressão das massas urbanas. O futebol era fator de mobilização dos brasileiros, principalmente das camadas populares que residiam nos grandes centros urbanos, e por isso se tornava um elemento a ser considerado no complexo sistema de propaganda do governo junto aos cidadãos. Coincidentemente, essa mobilização das massas começava a corresponder a um eficaz discurso de aproximação entre expressão esportiva e identidade nacional. Assim, a construção da legitimidade de um modelo de representação nacional poderia encontrar no campo desportivo um espaço privilegiado para a veiculação de um imaginário sobre o ideal de brasilidade.

Essa tendência assumia contornos ainda mais definidos em um momento político no qual a centralidade do Estado como elemento formador da nacionalidade ganhava maior nitidez na postura dos dirigentes políticos. A confluência da concepção acerca do Estado com os ideais de raça e nacionalidade também implicava uma compreensão do esporte como ferramenta para a construção de uma raça forte, adaptada à vida nos trópicos e apta a desenvolver o chamado "destino histórico" do povo brasileiro. Disseminar a prática esportiva correspondia a um modelo getulista de eugenia, de fabricação do tipo ideal do homem nacional. Por outro lado, na esfera exclusivamente política, era interessante para o governo Vargas que o comando do esporte permanecesse centralizado, submetido a uma supervisão governamental. Embora não se pensasse numa intervenção imediata nos assuntos estritamente desportivos, estava muito claro para todos os observadores que a CBD incorria na possibilidade de se tornar um alvo prioritário da ação governamental, na medida em que conflitava diretamente com uma diretriz básica da política varguista: a regulação das atividades profissionais. Não se pode afirmar que esse tenha sido o fator que mais contribuiu para a cristalização da tendência à interferência do governo federal na gestão da CBD, mas a irremovível recusa desta a aceitar o estabelecimento de vínculos profissionais no esporte fazia com que seus dirigentes operassem em um registro muito distante daquele que garantia a legitimidade do governo Vargas em meio à massa de trabalhadores. A questão da implantação do profissionalismo transcendia a esfera meramente desportiva.

O principal indício de que o governo Vargas iria se dedicar à organização do cenário esportivo foi a eleição de Luís Aranha para a presidência da CBD. Embora a presença de políticos na direção da confederação fosse usual, chama a atenção, no processo eleitoral de 1936, a forma como um elemento sem experiência prévia nos quadros dirigentes da CBD ou das associações estaduais chegou à direção máxima da entidade. Se observarmos a sua trajetória, iremos perceber que Aranha representou o consentimento dos dirigentes a uma intervenção do governo federal.

Nascido na cidade gaúcha de Itaqui, Luís era irmão mais novo de Oswaldo Aranha, expoente da política rio-grandense e um dos principais articuladores civis da Revolução de 1930. Advogado com aguerrida militância política, foi nomeado secretário do Ministério da Justiça pelo irmão, feito ministro por Vargas, e dedicou-se à criação do Clube 3 de Outubro,

A construção da Nação Canarinho

associação política que tinha por objetivo ampliar a participação dos chamados tenentes no governo revolucionário. O prestígio de que gozava entre líderes políticos e empresariais da capital transformariam "Lulu" Aranha em peça-chave de muitas das articulações que definiram a vida política da cidade do Rio de Janeiro nos anos 1930. Fundador do Partido Autonomista, aliado do prefeito Pedro Ernesto, tornou-se uma das primeiras lideranças tenentistas a apoiar o endurecimento e a extrema centralização que marcariam o governo Vargas a partir do final do ano de 1935. Não há, portanto, como dissociar sua chegada à presidência da CBD de uma ação dirigida pelo governo federal. Sua presença viabilizaria as ações governativas que iriam redesenhar a gestão do desporto nacional.

O primeiro grande problema a ser tratado dizia respeito à dissolução da legitimidade institucional da CBD. Embora se manifestasse favoravelmente sobre o mérito da chamada especialização das entidades desportivas, Aranha não considerava que esse projeto devesse ser conduzido ao preço do completo esfacelamento da CBD. Para ele, quanto mais forte fosse a confederação, quanto mais centralizada a sua administração, maior seria a possibilidade de uma gestão adequada das diferentes modalidades esportivas. Portanto, especializar não significava descentralizar. Por outro lado, com a definição precisa dos modelos de gerenciamento de cada área desportiva, poder-se-ia estabelecer um parâmetro nacional e comum para a questão da profissionalização do futebol. A CBD deveria assumir o futebol profissional como padrão, reconhecendo as agremiações que haviam passado a operar sob seu registro, mas precisava também deixar claro, através das distinções de gestão especializada, que o caso do futebol não deveria ser tomado como marco regulador para todos os esportes. Algumas modalidades permaneceriam amadoras, enquanto o futebol, devido à constituição efetiva de um mercado internacional reconhecido pela Fifa, passaria a ser essencialmente uma modalidade desportiva profissional.

Tal como a FBF se viabilizara a partir da constituição de uma entidade voltada para o futebol profissional no Distrito Federal, a resolução do conflito entre os adeptos do amadorismo e do profissionalismo se iniciou a partir de um movimento ocorrido na capital da República. Em 1937, diante da interrupção dos campeonatos concorrentes da LCF e da Federação Metropolitana (que sucedera à Amea) devido à viagem dos times do Fluminense e do São Cristóvão, que haviam sido convidados para amistosos, alguns dirigentes cariocas começaram a estudar a possibilidade de unir as duas entidades. Com o aval da presidência da CBD, os presidentes do América, Pedro Magalhães Correa, e do Vasco, Pedro Novaes, propuseram aos dirigentes da liga amadora que os times cariocas passassem a integrar uma única associação. O acordo, na verdade, era mais amplo: passava por uma completa reformulação das relações entre as entidades futebolísticas em nível estadual e nacional.

Assim, no Rio de Janeiro, as duas entidades existentes seriam extintas, e todas as equipes da cidade se filiariam a uma nova entidade que admitiria o profissionalismo. Essa entidade se filiaria à FBF, que, por sua vez, seria reconhecida e filiada à CBD. Com esse grande redesenho, competiria à CBD a representação internacional do desporto brasileiro, e à FBF, a direção do futebol dentro do país. No caso paulista, a fusão das associações concorrentes parecia ser simples, principalmente porque as antigas equipes da Apea e da LAF estavam

A construção da Nação Canarinho

convergindo para a FPF. No dia 29 de julho de 1937, com a criação da Liga de Futebol do Rio de Janeiro, teve início o processo de pacificação entre as correntes conflitantes no futebol brasileiro.

Ao observarmos o desenho institucional da CBD após o grande acordo de 1937, percebemos que o que estava sendo posto em prática era o receituário que Luís Aranha preconizara para a gestão desportiva no país: a aliança entre a especialização e a centralização. Na prática, a filiação da FBF à CBD representava, para além da solução de antigos problemas políticos, o reconhecimento de uma gestão especializada para uma modalidade desportiva em particular. No entanto, ao se submeter a FBF à estrutura institucional da CBD, assegurava-se o respeito às decisões soberanas da diretoria desta última, que se tornava um organismo central. Muitos problemas ocorreriam no processo de absorção da FBF pela CBD, mas não há dúvida de que o planejamento estabelecido por Luís Aranha, com nítido aval do governo federal, estava sendo cumprido em todos os seus aspectos: reconhecimento legal do profissionalismo no futebol, pacificação através da submissão de todos a uma entidade central, e especialização do gerenciamento de certas modalidades como meio de obter melhorias operacionais.

Embora a completa formalização desse modelo só fosse ocorrer dois anos após o acordo de pacificação no futebol, seu encaminhamento já permitiu à CBD fazer um melhor planejamento da participação da seleção brasileira na III Copa do Mundo, a ser realizada em 1938. Credenciado pelo excelente desempenho do selecionado nacional no Campeonato Sul-Americano de 1937, no qual o Brasil ficou na segunda posição, o técnico Ademar Pimenta foi convidado a preparar ao time que seguiria para o torneio na França. Dessa vez, a CBD acenou para o treinador com recursos, tempo e disponibilidade dos atletas profissionais, indicando o empenho da nova presidência na constituição de uma equipe competitiva que pudesse efetivamente se colocar entre os postulantes ao título. Um mês antes do embarque para a Europa, a delegação seguiu para uma temporada de treinamento na estação de águas de Caxambu, onde começou a ganhar forma o time titular que estrearia contra a Polônia. Dessa vez, diferentemente do que ocorrera nos Jogos Olímpicos de 1932 e na Copa do Mundo de 1934, o selecionado não precisou se acomodar de maneira improvisada em um cargueiro e seguiu viagem confortavelmente embarcado no transatlântico *Arlanza*. Na despedida, chamou a atenção a presença da filha do presidente da República, Alzira Vargas, que havia sido honrada com o título de madrinha do selecionado. Menos notado foi o embarque de Leonardo Gagliano Neto, locutor da Rádio Cruzeiro do Sul, que, sob a orientação da estrutura de propaganda estado-novista, seria responsável pela transmissão integral das partidas. Era nítida a importância que o governo federal atribuía ao evento esportivo. Com sua difusão pelo rádio, o governo Vargas procurava solidificar a identificação entre a seleção de futebol e a nacionalidade.

Na partida de estreia, realizada no dia 5 de junho de 1938 na cidade de Estrasburgo, Pimenta escalou uma das mais habilidosas linhas de ataque que o futebol brasileiro conheceu: Lopes, Romeu, Leônidas, Perácio e Hércules. Além desse ataque eficiente, a defesa foi organizada em torno de Domingos da Guia, talento que havia despertado interesse de clubes europeus e platinos. Em um dramático confronto, mais uma vez com características eliminatórias, o Brasil derrotou os poloneses pelo placar de 6 a 5, conquistando pela primeira vez o direito de avançar em uma Copa do Mundo. No jogo seguinte, disputado em Bordeaux, a seleção empatou com a Tchecoslováquia por 1 a 1. Tendo persistido o empate após uma prorrogação de 30 minutos, nova partida foi marcada. Dois dias depois, o selecionado brasileiro, desfalcado de diversos atletas contundidos, derrotou os tchecos (2 x 1), credenciando-se para enfrentar a Itália, campeã do mundo, nas semifinais.

Em 16 de junho, completando o terceiro jogo disputado em um intervalo de cinco dias, os brasileiros foram a campo contra o poderoso esquadrão treinado por Vitório Pozzo e capitaneado por Giuseppe Meazza. A melhor esquematização tática dos europeus, aliada a um marcante preparo físico, se impôs sobre o talento da equipe brasileira. Aos 10 minutos do segundo tempo, Colaussi abriu o marcador, desestabilizando completamente o time nacional. Cinco minutos depois, ocorreria o lance que marcaria toda uma geração de jogadores e ajudaria a formatar um dos mais veementes discursos acerca do futebol brasileiro. Domingos da Guia, exaltado como o melhor zagueiro do torneio, não resistiu às provocações dos atacantes italianos e desferiu um pontapé, sem bola, em Piola. Mesmo com o lance ocorrendo a grande distância de onde se encontrava o árbitro, foi marcado o pênalti que ampliaria a vantagem italiana no marcador. Nos minutos finais, Romeu assinalou o gol de honra, mas não impediu a vitória e a classificação da Itália para a grande final do campeonato. Com uma vitória sobre a Suécia (4 x 2), o time brasileiro terminou o campeonato na terceira posição.

O legado dessa competição teria um teor ambíguo no imaginário sobre o futebol brasileiro. Na euforia da recepção, os jogadores, empresários, políticos e populares disputaram a chance de conviver, mesmo que por breves instantes, com os heróis da nacionalidade. Leônidas, artilheiro do torneio, tornou-se garoto-propaganda de produtos como cigarros e chocolates. Porém, a marca do desequilíbrio emocional, sintetizada na falta infantil de Domingos da Guia, se ergueria como a grande sombra a embaçar o ideal do atleta nacional. De nada valia o talento, se a raça brasileira apequenava-se diante da força e da organização das nações europeias. Mesmo assim, a euforia causada pelo bom desempenho na Copa do Mundo de 1938 consolidou a associação simbólica entre o selecionado e a representação da nação. Gilberto Freyre, então cronista do *Diário de Pernambuco*, reagiria assim às primeiras vitórias brasileiras na França:

> O nosso estilo de jogar futebol me parece contrastar com o dos europeus, por um conjunto de qualidades de surpresa, de manha, de astúcia, de ligeireza e, ao mesmo tempo, de brilho e de espontaneidade individual em que se exprime o mesmo mulatismo de que Nilo Peçanha foi até hoje a melhor afirmação na arte política. Os nossos passes, os nossos pitus, os nossos despistamentos, os nossos floreios com a bola, alguma coisa de dança e de capoeiragem que marca o estilo brasileiro de jogar futebol, que arredonda e, às vezes, adoça o jogo inventado pelos ingleses e por eles, e por outros europeus, jogado tão angulosamente, tudo isso parece exprimir de modo interessantíssimo para os psicólogos e os sociólogos o mulatismo *flamboyant* e, ao mesmo tempo, malandro que está hoje em tudo que é afirmação verdadeira do Brasil (Freyre, 1945:432).

Dias após o fim da competição, Freyre faria uma síntese das suas observações sobre o caráter nacional expresso nos campos de futebol:

A construção da Nação Canarinho

Nosso futebol mulato, com seus floreios artísticos cuja eficiência – menos na defesa que no ataque – ficou demonstrada brilhantemente nos encontros deste ano com os poloneses e os tcheco--eslovacos, é uma expressão de nossa formação social, democrática como nenhuma e rebelde a excessos de ordenação interna e externa; a excessos de uniformização, de geometrização, de estandartização; a totalitarismos que façam desaparecer a variação individual ou espontaneidade pessoal. No futebol, como na política, o mulatismo brasileiro se faz marcar por um gosto de flexão, de surpresa, de floreio, que lembra passos de dança. (...) Dança dionisíaca. Dança que permita o improviso, a diversidade, a espontaneidade individual. Dança lírica. Enquanto o futebol europeu é uma expressão apolínea de método científico e de esporte socialista em que a ação pessoal resulta mecanizada e subordinada à do todo – o brasileiro é uma forma de dança, em que a pessoa se destaca e brilha (Freyre, 1945:433).

Na dicotomia ciência *versus* arte, Freyre estabeleceu os polos de um debate que perseguiria o selecionado. A expressão da nacionalidade mestiça se manifestaria através da criatividade, da arte, e seria incompatível com a norma, o esquema, a tática e a racionalidade. Restava a questão: o que era superior? O talento ou a organização, a arte ou a ciência? Se a finta mulata era uma expressão a ser valorizada, como avaliar o confronto desta com a cultura apolínea europeia? O chute de Domingos em Piola evidenciava uma fragilidade. Podíamos ser mestres na dança, mas a ciência era um estamento superior que parecia inalcançável aos brasileiros. No cultivo e exaltação de uma nacionalidade metaforicamente representada nos campos de futebol, permanecia constantemente presente o limite imposto por certo modelo civilizatório europeu.

A excelente receptividade da imagem da seleção pela sociedade brasileira contribuiu para que o projeto do Estado Novo – o regime autocrático instaurado pelo próprio presidente Vargas com o golpe de 10 de novembro de 1937 – para a área desportiva passasse a ser efetivamente implementado. Comprovavam-se as impressões iniciais que haviam alertado o governo Vargas para a importância do esporte na construção de um discurso nacionalista e autoritário. Havia sido consolidado o vínculo simbólico entre o conceito de nação e o desempenho da seleção nacional de futebol. A mestiçagem, o "mulatismo", o vigor malemolente estavam casados tanto à noção de um ideal de povo brasileiro quanto à sua expressão através de um singular jeito de jogar futebol. Os principais ideólogos do regime do Estado Novo percebiam a importância de se amplificar a repercussão desse discurso e, para garantir que o esporte pudesse ser palco de expressões do espírito nacional, consideravam necessário que o Estado tivesse condições de dirigi-lo. Assim como acontecera com agências e instituições-modelo constituídas no regime varguista, a gestão estatal do esporte implantaria um modelo centralizado, hierarquizado e oficial, que dirigiria as ações desportivas em consonância com os interesses do Estado.

Num regime autoritário como o do Estado Novo, bastou a emissão de um decreto-lei para que o outrora confuso e fragmentado ambiente esportivo brasileiro se sujeitasse ao dirigismo estatal. Assim, em 19 de janeiro de 1939, pelo Decreto-Lei n.º 1.056, foi constituída a Comissão Nacional dos Esportes (CNE), composta por cinco membros nomeados pelo presidente da República, responsáveis pela elaboração de um plano geral para a regulamentação da gestão das atividades esportivas. A clara disposição do regime de estender seu mo-

A construção da Nação Canarinho

delo de comando centralizado e disciplinador para o esporte seria saudada com entusiasmo pelo respeitado jornalista Tomás Mazzoni, da *Gazeta Esportiva*. Mesmo se analisarmos seu texto como produto de uma época em que a imprensa experimentava o severo controle da censura, é evidente que a intervenção do Estado era entendida como a melhor maneira de promover a estabilização e a regulação das atividades esportivas:

> Facções, clubismo, pessoalismo, liberalismo, anarquias, tudo isso é lixo que a oficialização federal deve queimar para o bem do esporte brasileiro. Necessitamos do império da obediência, da disciplina e de um só comando, de um único objetivo para atingir e, portanto, todos devemos marchar por um único sentido, ouvindo e respeitando a voz do comando. O esporte ao serviço do Brasil requer disciplina idônea, e o esportista deve ser educado e orientado, portanto, dentro da doutrina do Estado Novo. Fora dos princípios do regime não se pode compreender o esporte como força viva da Nação. Façamos, pois, do esporte o grande ideal que é, e atinjamos com o mesmo o único objetivo que justifica a sua prática, a sua difusão (Mazzoni, 1939:41).

Os anseios de Tomás Mazzoni, de plena instauração do "império da obediência", se concretizariam com a edição do Decreto-Lei nº 3.199, de 14 de abril de 1941. Considerado o verdadeiro marco da regulação governamental sobre a área desportiva, esse instrumento legal apenas deu forma acabada ao movimento que se iniciara com a chegada de Luís Aranha à presidência da CBD e a articulação do grande acordo de pacificação nos meios futebolísticos. A gradativa interferência do Estado na resolução de conflitos e na definição de padrões para o funcionamento das entidades dirigentes evidenciava a tendência a uma sujeição maior aos ditames políticos. A centralização e oficialismo, que haviam sido enunciados no decreto de 1939, assumiam sua feição clara, organizada e hierarquizada no decreto que passou a reger a gestão desportiva no país.

A grande inovação consistiu na criação do Conselho Nacional de Desportos (CND), entidade que se tornava o organismo máximo da gestão desportiva e cujos objetivos seriam "assegurar uma conveniente e constante disciplina à organização e à administração das associações e demais entidades desportivas do país, bem como tornar os desportos, cada vez mais, um eficiente processo de educação física e espiritual da juventude e uma alta expressão da cultura e da energia nacionais". Documento característico do regime do Estado Novo, o decreto de criação do CND esboçava um desenho institucional altamente centralizado e apresentava uma incontestável interpretação de que os esportes constituíam importante ferramenta de controle da sociedade e de promoção dos ideais de nacionalidade.

O futebol oficial

A partir de sua criação, o CND passou a ser o organismo de controle central sobre as diferentes confederações desportivas que se organizavam no país. Percebe-se assim que o chamado discurso da especialização da gestão desportiva, que ganhara contornos nítidos a partir da refundação do COI em 1935, havia implicado o esfacelamento da linha abrangente e eclética que norteara a trajetória inicial da CBD. No art. 15 do decreto de 1941, ficava estabelecido que o novo organismo reconhecia a existência de seis confederações desportivas, a ele submetidas: além da CBD, as confederações brasileiras de Basquete, de Pugilismo, de Esgrima, de Vela e Motor e de Xadrez. À CBD manter-se-iam submetidas as atividades desportivas de atletismo, tênis, remo, natação, saltos ornamentais, *water-polo*, voleibol e handebol, além do futebol, que era qualificado de "desporto básico e essencial" da entidade. Cada confederação deveria submeter sua direção aos desígnios superiores do CND e colaborar para que se constituíssem federações estaduais. Com isso, as antigas ligas e associações estaduais de futebol passaram a ser renomeadas, não sendo toleradas as duplicidades.

No organograma do governo federal, o CND estava vinculado ao Ministério da Educação e Saúde, então chefiado por Gustavo Capanema, e tinha sua direção constituída por cinco membros indicados, sem fixação de mandatos, diretamente pelo presidente da República. A um dos cinco membros era conferido o *status* de presidente, e coube a Luís Aranha a honra de se tornar o representante máximo do conselho recém-fundado. Aranha passaria a acumular a nova função com a presidência da CBD, evidenciando assim ser a figura referencial do regime para a área desportiva. Segundo a orientação do Decreto $n^{\underline{o}}$ 3.199, deixou de existir a sobreposição entre CBD e FBF. Os dirigentes da FBF, com a dissolução da entidade, foram assimilados aos quadros da CBD, formalizando aquilo que vinha se constituindo como prática. Uma importante deliberação constante do ato fundador do CND era o reconhecimento do profissionalismo, que, pelo art. $3^{\underline{o}}$, deveria ser mantido sob "rigorosa vigilância", "dentro de princípios de estrita moralidade". Coerente com os dispositivos que valorizavam a figura do trabalhador nacional, o decreto assinalava, no art. 32, o limite de jogadores estrangeiros que cada equipe esportiva poderia ter (no máximo três atletas não nacionais). Essa afinidade entre os termos da regulamentação desportiva e o estatuto legal do trabalhador nacional corporificou-se no incentivo à criação das associações de atletas profissionais.

Mesmo com os inúmeros problemas que se previam (lenta fusão das entidades profissionais e amadoras em alguns estados, escassez de recursos, frenética migração de jogadores entre as agremiações), o Campeonato Brasileiro de 1942 foi realizado como forma de estimular a compreensão de que existia um novo parâmetro a organizar a prática do futebol em todo o país. Apesar dos contratempos, o torneio seguiu até a final, com vitória do selecionado paulista. No ano seguinte, evidenciando que o modelo oficial e centralizado de gestão, bem como a adequação do novo sistema de federações estaduais haviam tido êxito, o Campeonato Brasileiro apresentou resultados altamente positivos. Pela primeira vez, 20 selecionados estaduais se fizeram representar[1] em um longo e dispendioso torneio organizado em quatro chaves regionais. Ao final, sagrou-se campeã a seleção carioca, dirigida pelo técnico rubro-negro Flavio Costa.

Após permanecer cinco anos sem participar do Campeonato Sul-Americano de Futebol, a CBD resolveu apresentar a nova face da organização desportiva do país no torneio organizado pelos uruguaios. Novamente, Ademar Pimenta foi convidado para a direção técnica da equipe, que pôde contar com os principais jogadores profissionais do país, com destaque para

---

[1] Participaram do campeonato brasileiro de futebol as seleções do Amazonas, Pará, Maranhão, Piauí, Ceará, Rio Grande do Norte, Paraíba, Pernambuco, Alagoas, Sergipe, Bahia, Espírito Santo, Rio de Janeiro, Distrito Federal, São Paulo, Minas Gerais, Paraná, Santa Catarina, Rio Grande do Sul e Goiás.

A construção da Nação Canarinho

Domingos, Patesko e o novato Zizinho. Repercutindo ainda os efeitos da consagração do selecionado de 1938, o time foi preparado para representar o ideal de nacionalidade que a política do Estado Novo se esforçava para consolidar. Antes da partida para Montevidéu, os jogadores foram conclamados a assumir em campo o papel que politicamente lhes era destinado. Tal qual soldados partindo para a guerra, os jogadores deveriam compreender que em seus pés repousavam os anseios e os sonhos de todo um povo. A seleção brasileira deveria estar ciente do papel de elemento-síntese da nação que lhe seria destinado em cada competição.

> Representar o Brasil é uma honra. Fazê-lo com dignidade é um dever. Urge que todos se compenetrem destas noções, para compreenderem, também, que lhes cumpre manter elevado o nome da pátria, por meio de procedimento exemplar, demonstrado em todos os instantes. Assim foi em todos os tempos; e agora mais do que nunca, quando o governo da República decidiu oficializar e proteger os desportos, essa conduta, sendo a consequência natural de sentimentos patrióticos normais, constitui ainda um imperativo legal, que a ninguém é lícito desrespeitar (*Gazeta Esportiva*, 5 jan. 1942. p. 2).

Na capital uruguaia, o desempenho do selecionado brasileiro não correspondeu às expectativas. Apesar de uma estreia arrasadora diante dos chilenos (6 x 1), o Brasil foi facilmente dominado pelos argentinos no segundo jogo, o que resultou na derrota por 2 a 1. O resultado pareceu abalar a equipe que saíra do país convencida de que era favorita na disputa do título. Uma magra vitória diante dos peruanos (2 x 1) e a derrota para os anfitriões (0 x 1) tiraram do selecionado a possibilidade de luta pelo título. Nos dois jogos restantes, o Brasil goleou a fraca equipe do Equador pelo placar de 5 a 1 e não passou de um empate (1 x 1) com os paraguaios. A terceira colocação no campeonato esteve muito aquém das expectativas e fez aflorar, novamente, o temor da incapacidade de a seleção dar conta do importante papel simbólico que lhe fora destinado.

No início de 1943, em decorrência de algumas alterações que vinham sendo feitas no núcleo de poder varguista, Luís Aranha decidiu afastar-se da presidência da CBD e do CND. Essa mudança no alto-comando das duas instituições não representou uma descontinuidade. A estrutura centralizada, que havia sido consolidada durante a gestão de Aranha, permitiu-lhe organizar com antecedência o encaminhamento do processo sucessório. No CND, seu substituto foi João Lyra Filho, figura de destaque na representação desportiva desde a década anterior. Na CBD, ascendeu à presidência Rivadávia Correa Meyer, oriundo dos quadros da extinta Amea, a quem Aranha havia conduzido para a direção da Comissão de Legislação e Consulta da Confederação. Uma questão merecia atenção especial dos novos dirigentes: a postulação do Brasil de ser o anfitrião da Copa do Mundo tão logo se encerrasse a II Guerra Mundial. Com o objetivo de consolidar apoio continental à candidatura brasileira a sede do torneio da Fifa, Rivadávia Meyer empenhava-se em manter em bom nível as relações diplomáticas com as entidades esportivas internacionais. Essa tendência pode explicar a iniciativa de João Lyra Filho de realizar uma série de amistosos com o selecionado uruguaio, com o sentido anunciado de homenagear as famílias dos expedicionários brasileiros que partiam para combater na Itália. Nos dois jogos, realizados no mês de maio de

A construção da Nação Canarinho

1944, o selecionado brasileiro impôs derrotas aos visitantes (6 x 1 e 4 x 0). O saldo positivo, muito maior que o assinalado no placar, foi a concordância dos dirigentes uruguaios em solidarizar-se com a causa brasileira. Nesse mesmo ano, a CBD, apesar do balanço deficitário de seu caixa, comprometeu-se em enviar um selecionado para o Campeonato Sul-Americano de Futebol que teria lugar na capital chilena em janeiro de 1945. Meyer não hesitava em esclarecer as razões que o levaram a aceitar participar do campeonato, conforme consta de documentação oficial da entidade que presidia:

> De todos, também, já são conhecidos os motivos por que a diretoria entendeu de aceitar o convite e entre eles devem ser ressaltados o propósito de não nos alhearmos no continente das demais nações com as quais mantemos intercâmbio desportivo e, também, o desejo que temos de pleitear o reconhecimento ao nosso direito de realizarmos o primeiro campeonato mundial a ser efetuado depois da guerra, na América do Sul (*Relatório da CBD*, 1944).

A importância da participação do selecionado da CBD no campeonato continental foi reconhecida pelo governo federal, que abriu linhas especiais de financiamento para a entidade. Com tais recursos, a confederação teve condições de empreender a preparação adequada do elenco, que, sob o comando do técnico Flávio Costa, obteve a segunda colocação, superado apenas pelo time argentino. Ao final de 1945, a seleção brasileira voltaria a ser organizada, e mais uma vez com o intuito de obter o apoio da Associação de Futebol Argentino (AFA) para a realização da Copa do Mundo no Brasil. A reedição da Copa Roca, que representava um significativo ingresso de recursos no orçamento tanto da CBD quanto da AFA, teve lugar em Buenos Aires e no Rio de Janeiro, com o time brasileiro conseguindo supreendentemente derrotar os argentinos ao final de três partidas. Esse resultado, que reforçaria a confiança na capacidade do selecionado nacional de se organizar devidamente para a conquista de importantes títulos internacionais, deixou também um saldo negativo. Em decorrência de um suposto favorecimento dos brasileiros nas partidas disputadas no Rio de Janeiro, e das acusações de deslealdade feitas ao atacante Ademir em um lance que resultara em grave contusão do jogador Battagliero, os argentinos passaram a fomentar um ambiente de rivalidade com o selecionado brasileiro.

Duas semanas após o jogo final da Copa Roca, o Brasil estreava no Campeonato Sul-Americano de 1946, realizado na capital argentina. O excelente desempenho do selecionado brasileiro nessa competição o conduziu a uma partida decisiva com os donos da casa. Antes do jogo, dirigentes argentinos instigaram a torcida relembrando o infortúnio do jogador Battagliero, ferido na partida do ano anterior. O clima de hostilidade se agravou depois que o argentino Salomon sofreu fratura num embate contra o brasileiro Jair. Os torcedores invadiram o campo e agrediram os brasileiros, que terminaram a partida em péssimas condições físicas e psicológicas. A perda do título sul-americano para a Argentina implicaria um dano ainda maior. Em consequência dos graves acontecimentos ocorridos em Buenos Aires, a CBD rompeu com a AFA, estabelecendo um grave desequilíbrio nas suas relações institucionais, justamente num momento em que o apoio internacional era fundamental para a satisfação das grandes pretensões do esporte brasileiro. De toda forma, a CBD havia definido sua escala de prioridades e procuraria formas de viabilizar um projeto que fora esboçado antes mesmo do início do conflito mundial: organizar uma edição da Copa do Mundo da Fifa.

Capítulo 3

Traumas e catarse

Em junho de 1946, a diretoria da CBD encontrava-se totalmente envolvida com uma questão que parecia crucial para os destinos da entidade. Tratava-se de sua participação no congresso da Fifa, a ser realizado no mês seguinte. Empenhada na volta à normalidade das relações esportivas após o fim da guerra, a Fifa pretendia obter nesse encontro um consenso acerca da realização da Copa do Mundo, suspensa desde o início do conflito na Europa. Era preciso chegar a uma decisão sobre a retomada das competições e, principalmente, sobre a data e o local da primeira Copa após a pacificação. A CBD mantinha grande expectativa em relação à decisão do congresso, confiando nos movimentos que iniciara em 1938.

Em 3 de julho daquele ano, representando a CBD na sessão plenária da Fifa em Paris, Célio de Barros apresentara oficialmente a candidatura brasileira a sede do Campeonato Mundial de seleções, mas não obtivera resposta, já que a Alemanha também manifestava interesse em organizar o torneio. A derrocada da Alemanha nazista na guerra sepultou qualquer possibilidade de este país manter a sua candidatura. O parecer favorável de Jules Rimet, que visitara o Brasil a convite de Luís Aranha em 1939, fazia da candidatura brasileira a favorita. Ainda assim, a direção da CBD não se sentia tranquila. Logo após os acontecimentos da Copa Roca e do Sul-Americano, a AFA passou a se apresentar como concorrente ao privilégio de organizar o torneio mundial. A candidatura argentina frustrou os planos de João Lyra Filho, que percorreu os países sul-americanos filiados à Fifa buscando fazer da candidatura brasileira a opção consensual das federações continentais.

Afinal, em 1º de julho de 1946, os representantes das nações filiadas à Fifa reunidos em Luxemburgo aprovaram por unanimidade a designação do Brasil como anfitrião da IV Copa do Mundo e fixaram o ano de 1949 para a sua realização. Foi também estabelecido um cronograma de eventos que precederiam a Copa. Em 1947, em Paris, os representantes brasileiros deveriam expor os planos para a organização do torneio, que incluíam a construção de um novo estádio no Rio de Janeiro. No ano seguinte, por ocasião dos primeiros Jogos Olímpicos após o conflito mundial, seria realizado um novo congresso da Fifa, no qual se definiriam os detalhes finais. Estava lançado o grande desafio que a partir de então iria mobilizar dirigentes, jogadores e amantes do futebol brasileiro.

Preparativos para a Copa do pós-guerra

Encerrado o congresso da Fifa, o presidente do CND, João Lyra Filho, em reunião realizada na sede da CBD, apresentou aos dirigentes da confederação sua proposta de alteração do modelo de disputa do torneio mundial. Ao analisar o

A construção da Nação Canarinho

baixo comparecimento de países europeus à Copa de 1930, no Uruguai, o relatório de Lyra Filho apontava como fator de desestímulo à participação num torneio realizado em país distante a fórmula eliminatória da competição. Diante disso, o Brasil levou a Paris uma proposta de regulamento pela qual o torneio assumia a feição de um campeonato com 16 equipes distribuídas em quatro grupos classificatórios. Dessa forma, cada selecionado teria garantido o direito de disputar, no mínimo, três partidas. A proposta causou estranheza entre os delegados e teve sua discussão adiada para o congresso que se realizaria em 1948. Nessa ocasião também seria apreciado o adiamento da competição para o ano de 1950, de forma a se estabelecer uma distância temporal equilibrada em relação às datas das Olimpíadas.

Enquanto a adoção do novo formato da competição aguardava a aprovação do fórum internacional, a necessidade de construir um estádio no Rio de Janeiro suscitava discussões internas. A proposta de descentralização do torneio, que atendia aos interesses das federações estaduais, não descartava a edificação de um estádio-monumento na capital do país, um projeto que, aliás, não era novo. Se inicialmente o estádio imaginado se associava à ideia de mobilização das massas pelo líder, característica da era Vargas, na fase de redemocratização a associação principal passou a ser com um discurso de valorização da nacionalidade brasileira. Qualquer que fosse a vertente interpretativa, o conteúdo simbólico da iniciativa estava ligado ao ideal de construção de uma identidade nacional calcada em valores manifestos na arena desportiva.

Na verdade, a proposta de construção de um estádio-símbolo no coração da malha urbana do Rio de Janeiro remontava a 1938, quando a direção da CBD iniciou gestões para a realização da Copa do Mundo no Brasil. Além de servir de palco para o evento, considerava-se na época que o estádio deveria ser um monumento ao Estado Novo varguista. Assim, o secretário-geral do Interior e Segurança da Prefeitura do Distrito Federal, Átila Soares, enviou a Vargas um memorando em que propunha "uma nova praça de esportes" que evidenciasse as qualidades do regime:

> Todos os países modernos possuem, hoje, estádios grandiosos onde não só fazem realizar suas competições desportivas como também suas realizações cívicas de caráter imponente. O Brasil não conta ainda com essa organização, tão necessária à sua formação cívica e física. São essas razões fundadas, aliás, nas linhas-mestras da estrutura do Estado Novo que me impelem a sugerir a V.Ex.ª a construção pela prefeitura de um estádio monumental onde esse e outros certames internacionais e nacionais possam ser realizados condignamente (*Correio da Manhã*, 8 jun. 1938. p. 6).

É interessante comparar esse discurso ao de Mário Pollo, que em 1950 assumiu interinamente a presidência da CBD:

> A construção do Estádio Municipal, além de representar a concretização de um velho sonho carioca e brasileiro, constitui um incomparável monumento à tenacidade, à dedicação, ao espírito de sacrifício, à força de vontade invencível não só daqueles que o planejaram, que lutaram por sua realização, que dirigiram, como também do mais humilde trabalhador que ali tem lutado, compenetrado de sua parcela na imensa responsabilidade a todos atribuída (*Jornal dos Sports*, 6 jun. 1950. p. 2).

Separados por 12 anos e por atmosferas políticas distintas, os dois discursos convergem em alguns pontos. Parece clara a aproximação entre a realização do campeonato mundial e a concretização de aspirações da sociedade brasileira. A expressão da nacionalidade não se faria apenas nas atividades desportivas que teriam lugar no novo estádio, mas estaria evidenciada no trabalho incansável de todos aqueles que contribuíssem para a realização do ideal. O fato de governos distintos e diferentes direções da CBD atribuírem à Copa e ao seu estádio-símbolo o mesmo grau de importância revela o vigor da interpretação que identificava a expressão desportiva com a manifestação de ideais nacionais. A disputa da Copa no Brasil significaria, na verdade, a realização de uma aspiração coletiva: a consolidação da sociedade brasileira em uma posição superior no cenário internacional.

Diante da capacidade mobilizadora desse ideal, a CBD percebeu a importância que o torneio mundial teria para o seu próprio futuro. Poder realizá-lo já indicava o reconhecimento da capacidade organizativa da instituição. Realizá-lo com êxito, angariando o reconhecimento mundial, poderia situar os dirigentes brasileiros em um novo patamar de importância, nacional e internacional. Por esse motivo, a agenda de prioridades da diretoria da CBD passou a ser integralmente orientada pelo esforço de organização da Copa do Mundo.

A participação nos torneios sul-americanos de 1945 e 1946 e a reativação das copas Roca e Rio Branco haviam sido estimuladas para que as boas relações continentais fortalecessem a posição da CBD em sua aspiração de organizar o certame da Fifa. No entanto, para organizar e treinar os selecionados que participaram dessas disputas, a CBD precisou dispor de um grande volume de recursos financeiros e alterar o calendário das competições nacionais.

O ano de 1948 seria aquele em que dois importantes passos relacionados à Copa do Mundo viriam a ser tomados: no dia 20 de janeiro, o prefeito do Distrito Federal, Ângelo Mendes de Moraes, lançou a pedra fundamental do estádio do Maracanã; e em meados do ano realizou-se novo congresso da Fifa, concomitantemente aos Jogos Olímpicos de Londres. Os 117 delegados presentes ratificaram a realização do torneio mundial no Brasil e concordaram com a mudança da data de 1949 para 1950.

Logo após o congresso da Fifa, a direção da CBD começou a movimentar-se para que a Confederação Sul-Americana confirmasse a realização do torneio continental do ano seguinte no Rio de Janeiro. Mesmo que até lá não desse tempo para concluir as obras do novo estádio e inaugurá-lo, a ideia era fazer do torneio um grande evento preparatório e demonstrar aos demais países filiados à Fifa que o Brasil tinha condições de organizar a Copa do Mundo. Os dirigentes brasileiros tinham ainda outro objetivo, mesmo que não explicitado: não bastava ser um exemplo de sede para a Copa, era fundamental conquistar o título. Com um triunfo no Sul-Americano, o Brasil se credenciaria ao título mundial e passaria a atrair ainda mais a atenção do público, do governo federal e dos empresários dispostos a contribuir para o sucesso do selecionado.

Antes do início do campeonato, porém, uma grave questão política se apresentou aos dirigentes brasileiros. Todos os países filiados à Confederação Sul-Americana responderam prontamente ao convite da CBD para o torneio no Brasil, com exceção da AFA. Diante do mutismo dos dirigentes argentinos, o presidente da CBD procurou a intermediação dos uruguaios. Não tardou para que circulassem informações de que a AFA estaria convidando equipes europeias para um torneio internacional de clubes campeões, previsto para a mesma época em que seria realizado o Campeonato Sul-Americano. Além disso, alguns jornais argentinos argumentavam que os estádios brasileiros não ofereciam condições de segurança para os jogos. Os dirigentes da CBD decidiram ignorar os rumores e continuaram a tentar contato com os dirigentes argentinos. A resposta afinal veio, mas não correspondeu às expectativas. Os jogadores profissionais argentinos, assim como os uruguaios, haviam iniciado uma greve geral e se recusavam a jogar.

Buscando fórmulas conciliatórias, a direção da CBD propôs à Confederação Sul-Americana o adiamento do torneio por alguns meses. O remanejamento de datas permitiu que a questão dos jogadores uruguaios fosse contornada com a promessa de envio de uma equipe de juniores, mas, no caso argentino, nenhuma confirmação de presença foi emitida. Os argentinos só fizeram contato com a presidência da CBD para solicitar autorização para que o Botafogo disputasse em Buenos Aires o torneio internacional de times campeões. A negativa dos brasileiros levou a AFA a notificar à Fifa que, em consequência da falta de colaboração da CBD, a Argentina se recusava a disputar a Copa do Mundo no Brasil.

O Sul-Americano, realizado sem a presença dos argentinos, teve suas partidas realizadas nos estádios de São Januário, no Rio, e do Pacaembu, em São Paulo, para evidenciar as condições dos estádios das principais cidades brasileiras. Após estrear no Rio com vitória sobre o Equador pelo placar de 9 a 1, o selecionado brasileiro viajou para São Paulo para enfrentar a Bolívia. O técnico Flávio Costa, buscando satisfazer a torcida local, fez muitas mudanças na escalação e levou a campo uma equipe com maioria de atletas paulistas. Nova goleada (10 x 1) encheu de confiança a equipe, que em sequência venceria chilenos, colombianos, peruanos e o time de amadores que representava o Uruguai. No dia 8 de maio, o selecionado adentrou a cancha de São Januário necessitando de um simples empate contra os paraguaios para se tornar campeão. Para espanto geral, após um fácil início de jogo em que o Brasil abriu vantagem de 1 a 0, o selecionado paraguaio conseguiu virar a partida e derrotar os favoritos ao título. Esse resultado forçou um jogo de desempate, realizado em 11 de maio, que terminou com uma convincente vitória brasileira pelo placar de 7 a 0. Após 27 anos, a seleção brasileira erguia novamente a taça sul-americana, confirmando as expectativas quanto ao potencial do time e reafirmando as condições operacionais para a realização da Copa do Mundo no país.

Sonho e frustração: as Copas de 1950 e 1954

Confirmadas as equipes que participariam do campeonato, verificou-se que, em lugar das 16 representações previstas, apenas 13 se apresentaram: além da seleção anfitriã, as da Bolívia, Chile, Espanha, Estados Unidos, Inglaterra, Itália, Iugoslávia, México, Paraguai, Suécia, Suíça e Uruguai. Diante disso, o modelo de disputa da fase classificatória teve de ser alterado. A estrutura de organização parecia enfim estar pronta para ser posta em funcionamento em uma série de partidas preparatórias. Por uma grande fatalidade, o presidente da CBD, Rivadávia Meyer, não poderia acompanhar a Copa pela qual batalhara. Doente, teve que ser internado para receber tratamento médico intensivo e em 17 de maio

A construção da Nação Canarinho 91

de 1950 licenciou-se do cargo, que passou a ser exercido por Mário Pollo.

Com o objetivo de aprimorar os jogadores brasileiros, testar as equipes de apoio e as instalações que serviriam à Copa, e também obter arrecadação, a CBD promoveu no mês de maio os torneios Rio Branco e Oswaldo Cruz. Em apenas 11 dias, o selecionado disputou cinco partidas contra as equipes do Uruguai e do Paraguai. Nesses jogos, o técnico Flávio Costa pôde experimentar diferentes formações, mas também expôs seus comandados a extenuantes partidas, como a do empate por três gols diante do Paraguai e a da preocupante derrota para o Uruguai no Pacaembu, pelo placar de 4 a 3. Ao final dessa série de jogos, a seleção conquistaria os dois troféus, mas estaria cansada.

No dia 16 de junho foi inaugurado o Estádio Municipal do Maracanã, e no dia 24 teve início a Copa do Mundo de 1950. No jogo de estreia, o selecionado brasileiro enfrentou a fraca equipe mexicana e facilmente aplicou 4 a 0 no time do goleiro Carbajal. Os mais de 80 mil pagantes que acorreram ao Maracanã tiveram suas expectativas de vitória confirmadas, mesmo com o desempenho confuso do time na primeira etapa da partida. Na partida seguinte, para atender aos interesses políticos dos dirigentes, a seleção jogou no Pacaembu contra a fraca seleção suíça. Mais uma vez, Flávio Costa utilizou seu sistema de privilegiar jogadores paulistas em jogos disputados em São Paulo e fez quatro alterações na escalação inicial. Em uma partida extremamente difícil, os brasileiros não passaram de um empate (2 x 2) e, pela primeira vez, se acendeu a chama da dúvida entre os entusiasmados torcedores. No retorno ao Maracanã, diante de um público muito superior ao que assistira à estreia, o Brasil conseguiu arrancar sua classificação para as finais do campeonato, após derrotar os iugoslavos por 2 a 0.

A euforia que novamente se instalou entre jogadores e torcedores não colocava em dúvida a possibilidade de o Brasil ser campeão mundial. As consagradoras vitórias sobre a Suécia (7 x 1) e a Espanha (6 x 1) pareciam indicar que os uruguaios, adversários na partida final de 16 de julho, iriam ser mais uma equipe trucidada pelo ímpeto dos jogadores brasileiros. O ambiente de conquista antecipada fez muitos jornais e rádios saudarem o selecionado brasileiro como campeão antes mesmo do início do jogo decisivo. Ninguém parecia considerar que o Uruguai, que tinha vencido o Brasil no primeiro jogo da Copa Rio Branco, havia percorrido uma trajetória bem mais tranquila na competição. Em razão das desistências de Turquia e Escócia de tomar parte na Copa, o time uruguaio só havia disputado uma única partida na fase classificatória, derrotando a inconsistente seleção da Bolívia por 8 a 0. Nos jogos finais, o Uruguai encontrou maiores dificuldades que o time brasileiro, mas chegava à decisão com um time muito bem entrosado e em melhores condições físicas que o adversário.

Muito se escreveu sobre o luto nacional desencadeado após o gol fatídico de Gigghia, que decidiu o torneio aos 32 minutos da etapa final. Jornalistas, cronistas, poetas e ensaístas não se cansaram de buscar explicação para o fracasso brasileiro na cancha de bola. A perda da Jules Rimet causou um impacto emocional tão profundo, que o próprio relatório oficial da CBD não conseguiu evitar o tom dramático:

> Quinze minutos antes de concluir a partida entre uruguaios e brasileiros, conforme estava previsto, tivemos que descer as escadarias do Estádio Municipal, que conduzem aos vestiários,

em companhia de Mr. Jules Rimet, presidente da Fifa. Cumpria-se o programa para a entrega dos troféus aos que fossem campeões do mundo. Pouco antes de descermos, os uruguaios haviam consignado o tento de empate. Aquela descida entre a tribuna e o piso térreo, onde se encontrava a passagem para o campo, tornou-se trajeto emocionante, pois o temor de que os uruguaios tirassem partido da desorientação momentânea, que invadiu o espírito de combatividade dos jogadores brasileiros, perturbava os nervos do vice-presidente da Confederação. (...) Ao chegarmos ao fim de nosso trajeto, cheio de sensações, eis que nos depara o tenente Hélio de Araújo Vieira, membro da Comissão Fiscalizadora do Estádio, que, no resto de voz que lhe sobrava ao acabrunhamento, nos transmite a observação fatal: "uruguaios, dois a um". Não é mister dizer o choque que recebemos, Mr. Rimet olhou-nos surpreendido. (...) Silêncio dramático, onde estávamos. Estímulo e incitamento da massa, no campo. Mas os brasileiros não recuperaram a vantagem perdida. E o vice-presidente da Confederação só se convenceu da realidade, de que não havia esperança para as cores nacionais, quando viu regressarem da liça o juiz acompanhado dos seus dois auxiliares. Estava tudo consumado. Compareceu então ao gramado e cumpriu o seu dever. Representou o futebol brasileiro na cerimônia de sagrar e consagrar o Uruguai triunfador (*Relatório da CBD*, 1950).

O *consumatum est* bíblico, lembrado nas linhas finais do registro oficial da CBD, embutia, no entanto, a perspectiva da fé na ressurreição. A derrota de 1950 evidenciava a permanência do discurso sobre a dicotomia talento *versus* competitividade, que teve em Gilberto Freyre um de seus principais formuladores. Se, por um lado, o gol de Gigghia fez com que o futebol brasileiro mergulhasse em um abismo de autodepreciação, instaurando a "síndrome de vira-latas" que Nelson Rodrigues diagnosticou, por outro, estabeleceu também a conquista do título mundial como uma aspiração nacional, uma verdadeira missão que passaria a nortear a ação dos dirigentes esportivos brasileiros. A massificação do futebol e o estabelecimento de uma estrutura centralizada de gestão, sob a égide do poder federal, haviam criado condições políticas e operacionais para que a CBD desenvolvesse um programa de ação e investimentos compatíveis com o desejo de conduzir o futebol nacional à condição de força de primeira grandeza no cenário mundial. A partir de então os dirigentes passaram a perseguir esse objetivo não somente como forma de resolver um dilema simbólico relacionado à identidade étnica e cultural do povo brasileiro, mas, principalmente, como coroamento do modelo de estabilidade política da direção desportiva nacional.

Superada a fase de perplexidade após o "Dia da Derrota", os dirigentes esportivos puderam perceber que a aposta na realização da Copa do Mundo no Brasil havia deixado resultados amplamente favoráveis. O congresso da Fifa realizado em Petrópolis indicou Luís Aranha como um dos vice-presidentes da entidade. A redefinição da situação dos dirigentes brasileiros no cenário da política desportiva mundial contribuiu para o estabelecimento de uma nova correlação de forças no continente. A hegemonia de uruguaios e argentinos na discussão das diretrizes e iniciativas da Confederação Sul-Americana de Futebol passou a ser gradualmente matizada pela maior influência dos representantes brasileiros. Um dos indícios desse novo estatuto internacional foi a forma como se contornou o rompimento de relações entre a AFA e a CBD. Logo após o encerramento do congresso da Fifa no Brasil,

A construção da Nação Canarinho

Luís Aranha recebeu mensagem do embaixador brasileiro em Buenos Aires, João Batista Luzardo, informando que os representantes da AFA desejavam retomar o contato com a entidade brasileira. Por intermediação do então vice-presidente da Fifa, o presidente da AFA, Valentin Suarez, veio ao Brasil e formalizou a intenção de manter relações cordiais com seu parceiro continental.

Para a direção da CBD, o primeiro Pan-Americano de Futebol, disputado em Santiago do Chile, representou uma oportunidade de renovação do selecionado que ficara estigmatizado após a derrota de 1950. A primeira novidade da seleção foi a escolha do técnico do Fluminense, Alfredo "Zezé" Moreira, para a direção da equipe. Amparado pelos dirigentes, Moreira fez uma grande reformulação no elenco, incorporando jovens talentos que haviam se destacado nos clubes cariocas e paulistas. Na estreia do novo selecionado, em partida disputada no Estádio Nacional de Santiago, o Brasil voltou a enfrentar e a derrotar o México. O time, no entanto, se mostrou muito inseguro e teve grandes dificuldades no jogo seguinte, diante dos peruanos, não conseguindo passar de um empate sem gols. Uma fácil vitória na terceira partida, contra os panamenhos (5 x 0), levou o Brasil a enfrentar novamente seus algozes da "tragédia do Maracanã". O time uruguaio, assim como o brasileiro, havia sofrido uma grande alteração em seu grupo de atletas, mantendo poucas semelhanças com o elenco bicampeão mundial. Gigghia, o implacável carrasco, estava no entanto na linha de ataque da Celeste. O fantasma da final de 1950 voltou a se manifestar quando Miguez abriu o placar. Mas o time brasileiro conseguiu se impor e terminou a partida com uma vitória moralmente importante (4 x 2). Na final, a seleção não encontrou dificuldades para superar os anfitriões

(3 x 0) e conquistar o primeiro título internacional de futebol após o fracasso na Copa.

O sinal positivo emitido pelos jogadores que disputaram o Pan-Americano não deixou de ser percebido pela direção da CBD. Com uma boa preparação, os jogadores brasileiros poderiam se livrar do estigma de perdedores e marchar para a conquista da Jules Rimet. Com essa agenda em mente, a confederação precisava apenas organizar-se de modo a criar condições ideais para o fomento de seu principal valor esportivo. Motivada pelo resultado obtido no Pan-Americano, a seleção brasileira seguiu para o Campeonato Sul-Americano de Futebol do ano de 1953 com grandes expectativas. Chefiados por José Lins do Rego, os jogadores, antes mesmo de sair do país, tiveram alguns problemas de convivência. Alguns dos atletas que haviam estado presentes na jornada vitoriosa do ano anterior estranharam a decisão de substituir Zezé Moreira por seu irmão, Aymoré. Havia, na base desse descontentamento, a suspeita de que o chefe da delegação, apaixonado flamenguista, não quisesse contar com um técnico consagrado por uma equipe rival no cenário carioca. O ambiente passou a se degradar após uma imprevista derrota diante dos peruanos, pela contagem mínima. As desavenças entre jogadores, técnico e dirigentes explodiram após nova derrota, dessa vez contra os paraguaios (1 x 2). Ao final da partida, o meia-armador Zizinho, destaque da equipe do Bangu, se desligou da seleção e não se apresentou para o jogo de desempate contra o mesmo Paraguai. Nova derrota implicou algo muito maior que a perda de um título continental para um adversário considerado de menor importância. Representou a desestabilização do projeto de hegemonia mundial que a diretoria da CBD vinha acalentando havia alguns anos.

A construção da Nação Canarinho

Em 1954, diante da necessidade de uma criteriosa preparação, principalmente por conta da disputa de um torneio preliminar classificatório para a Copa do Mundo que seria realizado na Suíça, a estrutura da seleção brasileira foi radicalmente alterada. João Lyra Filho, antigo membro do CND, assumiu a chefia da delegação e escolheu pessoalmente os integrantes da comissão técnica e médica. De volta à direção do time, o campeão pan-americano Zezé Moreira levou a equipe, entre os meses de fevereiro e março, a quatro vitórias consecutivas contra chilenos e paraguaios, o que credenciou o Brasil à disputa da Copa. Lyra Filho também esteve à frente do movimento que resultou na mudança das cores oficiais do uniforme da seleção. Embora a motivação supersticiosa jamais tenha sido assumida, a proposta de um uniforme que valorizasse as cores da bandeira nacional (e do pavilhão da CBD) levou à organização de um concurso público para a escolha da nova camisa do selecionado. Coube ao jovem gaúcho Aldyr Garcia Schlee a invenção da simbologia canarinho no uniforme brasileiro. Valorizando o amarelo, com ligeiras inserções de azul e verde nos punhos, golas e calções, o novo cromatismo proposto por Schlee geraria uma nova identidade para a seleção, distante do branco associado à inesquecível derrota para os uruguaios no Maracanã.

Graças à influência de Lyra Filho e de Manoel Vargas Neto, a CBD obteve recursos para enfrentar o custo da preparação do selecionado que seguiria para a Europa. Com o ingresso de uma verba federal de Cr$8 milhões – sendo que Cr$3 milhões teriam que ser destinados à organização de competições de atletismo –, a equipe pôde ser convocada e preparada com antecedência. O time esteve concentrado em Caxambu e Nova Friburgo, buscando condições climáticas próximas das que iria encontrar no continente europeu. Diferentemente do que havia ocorrido em outras ocasiões, o time brasileiro não precisou passar semanas em um navio e seguiu para Genebra nas asas da Panair. Na Suíça, contou com mais 20 dias de preparação antes da estreia.

A vitória sobre o conhecido selecionado mexicano (5 x 0) no jogo inicial deu ao time tranquilidade para prosseguir na competição. Porém, a tão decantada preparação comandada por Lyra Filho mostraria sua fragilidade na partida seguinte. Como o regulamento da Copa estabelecia a classificação de duas equipes por grupo, um empate com os iugoslavos classificaria ambas as equipes para as quartas de final. No entanto, ninguém na comissão técnica brasileira parecia conhecer os termos que regiam aquela versão do campeonato mundial. Na tarde de 19 de junho, os jogadores brasileiros entraram no estádio de Lausanne empunhando a imagem de Nossa Senhora Aparecida e acreditando que apenas a vitória interessava. Na metade do segundo tempo de jogo, com o placar empatado em 1 a 1, os jogadores iugoslavos, sabedores de que aquele resultado interessava às duas equipes, começaram a pedir moderação aos brasileiros. Sem compreender os apelos, e inflamados por orientações do banco, os atletas brasileiros buscaram a vitória até o fim e deixaram o campo de jogo cabisbaixos, sem saberem que o empate os levava adiante no torneio.

O desconforto da delegação diante do injustificável desconhecimento das regras da Copa só não foi maior que o provocado pelo resultado do sorteio de emparelhamento das equipes para os jogos eliminatórios da segunda fase. O time brasileiro iria cruzar com o temido selecionado húngaro, que, além de ter sido campeão olímpico em Helsinque, se classificara para a segunda fase do torneio após impor derrotas humilhantes

A Coreia do Sul (9 x 0) e à Alemanha (8 x 3). Tal desempenho confirmava a mística do esquadrão que encantava os amantes do futebol em todo o mundo. A equipe dirigida por Gyula Mandi contava com os talentos individuais de Puskas, Czibor e Kocsis, e se beneficiava do sentido de conjunto adquirido pelos jogadores na seleção e no time do Honved. O estilo implacável da equipe, capaz de pressionar os adversários desde a saída de bola e de abrir vantagem de vários gols nos 15 primeiros minutos de jogo, deixou Zezé Moreira preocupado. Em suas preleções, o técnico pintava os futuros adversários como um time implacável e por isso exigia dos atletas brasileiros a máxima aplicação. João Lyra Filho aproveitou-se da imagem de "comunistas ateus" associada aos húngaros para fazer inflamados discursos patrióticos, no meio dos quais se destacou uma insinuação de que os adversários tinham zombado da imagem da virgem padroeira do Brasil.

O ambiente de preocupação que antecedeu a partida teve claros reflexos no campo de jogo. Enquanto os brasileiros entraram tensos no gramado do estádio Wankdorf, os húngaros, em apenas sete minutos, abriram vantagem de 2 a 0. Um dos segredos do sucesso húngaro residia no aquecimento que faziam antes das partidas, que os colocava fisicamente em melhor situação que os adversários. Depois de 15 minutos, o selecionado canarinho passou a equilibrar o jogo, mas não os nervos. Nílton Santos, após muitas provocações, envolveu-se em uma briga com Boszik, o que fez com que ambos fossem expulsos de campo. O jogo prosseguiu de forma tensa até o apito final, com a vitória húngara pelo escore de 4 a 2. Quando as duas equipes rumavam para o vestiário comum, explodiu uma briga generalizada. Garrafadas, chuteiradas e cadeiradas deixaram húngaros, brasileiros e policiais suíços machucados. O total descontrole emocional ainda se manifestava dias depois, quando o chefe da delegação brasileira encaminhou ofício à Fifa denunciando a simpatia do juiz inglês, Arthur Ellis, pelo movimento comunista internacional.

O legado da "Batalha de Berna" corroeu as expectativas de sucesso da seleção brasileira na Copa do Mundo. Aliava-se a mais uma eliminação precoce a certeza de que a fragilidade emocional dos jogadores, a "tibieza atávica da alma nacional", impedia a concretização do ideal esportivo tão tenazmente buscado. A longa preparação técnica do time, a cuidadosa escolha dos jogadores e técnicos de nada adiantara diante de uma deficiência que parecia denunciar a fraqueza da raça brasileira. Novamente, o fantasma da inferioridade e da ineficiência passou a assombrar dirigentes, jornalistas e torcedores:

> Mas a mesma fraqueza que nos leva a reconhecer o empenho de cada um dos nossos jogadores naquele embate convence-nos de que alguma coisa faltou, alguma coisa que, em forma de desequilíbrio dos nervos, não lhes permita aliar ao seu desejo de vitória uma atuação firme, eficiente, produtiva. Confessamos não poder fixar aqui, para não avançarmos em terreno estranho e perigoso, as causas talvez raciais, talvez morais, talvez sentimentais que possam ter influído para tal estado de coisas (*O Estado de S. Paulo*, 6 jul. 1954).

O confronto entre o projeto conduzido pela CBD e os resultados obtidos reforça a percepção de que o título mundial era mais que uma aspiração dos meios esportivos, era um destino inalcançável que perseguia de maneira fatalista o imaginário da sociedade, tal a eficácia dos símbolos associados ao selecionado de futebol. Dois anos após o torneio da Suíça, Nelson

Rodrigues externaria suas preocupações, suas frustrações, sua incurável sensação de fatalidade na análise da trajetória dos selecionados nacionais nos torneios da Fifa:

> Para nós, o futebol não se traduz em termos técnicos e táticos, mas puramente emocionais. Basta lembrar o que foi o jogo Brasil x Hungria, que perdemos no Mundial da Suíça. Eu disse: "perdemos", e por quê? Pela superioridade técnica dos adversários? Absolutamente. Creio mesmo que, em técnica, brilho, agilidade mental, somos imbatíveis. Eis a verdade: antes do jogo contra os húngaros, estávamos derrotados emocionalmente. Repito: fomos derrotados por uma dessas tremedeiras obtusas, irracionais e gratuitas. Por que esse medo de bicho, esse pânico selvagem, por quê? Ninguém saberia dizê-lo.

> E não era uma pane individual, era um afogamento coletivo. Naufragaram ali, os jogadores, os torcedores, o chefe da delegação, a delegação, o técnico, o massagista. Nessas ocasiões, falta o principal. Estão a postos os jogadores, o técnico e o massagista. Mas quem ganha e perde as partidas é a alma. Foi a nossa alma que ruiu face à Hungria, foi a nossa alma que ruiu face ao Uruguai (Rodrigues, 1994a:26).

Planejamento e investimentos

A importância atribuída à conquista do Campeonato Mundial fez com que os dirigentes da CBD tomassem uma atitude que iria definir o percurso institucional da entidade. Em lugar de atenuar o destaque dado à gestão dos assuntos relacionados ao selecionado de futebol, optou-se por uma abordagem ainda mais intensiva e profissional do processo de preparação da equipe principal do Brasil. O raciocínio atendia a dois aspectos: a solução de uma questão simbólica, que passara a se confundir com a própria razão de ser da entidade, e a percepção de que o desenvolvimento do futebol geraria mais renda para os cofres da confederação. A mudança na composição da diretoria da CBD, em janeiro 1955, não trouxe descontinuidade a essa diretriz. Em lugar de Rivadávia Meyer, que havia anos enfrentava sérios problemas de saúde, chegou à presidência Sylvio Correa Pacheco.

Uma das primeiras decisões da nova diretoria veio em resposta à solicitação formal, apresentada pelo conselheiro Abrahim Tebet, de que a CBD mantivesse uma seleção permanente de futebol em atividade ao longo do ano. A ambiciosa e pouco factível sugestão deu origem a um fértil debate que resultou no planejamento a longo prazo do calendário de jogos da seleção. Com isso, buscava-se manter os jogadores do elenco em contato frequente, a fim de solidificar o sentido coletivo de jogo e superar as temidas limitações que pareciam acampar entre os convocados. O novo modelo de gerenciamento da seleção brasileira de futebol foi posto em prática imediatamente. Após contatos com as entidades nacionais chilena e paraguaia, foram marcados no Brasil jogos válidos pelas taças Oswaldo Cruz e Bernardo O'Higgins. Nas quatro partidas realizadas, a CBD estabeleceu um sistema bastante incomum de convocação das seleções. Sob a alegação de que era necessário testar o maior número possível de jogadores e de métodos de preparação, o selecionado brasileiro foi dirigido no período por quatro treinadores diferentes. Novamente, houve a preocupação de apresentar selecionados que atendessem às expectativas de torcedores cariocas e paulistas. Nos jogos realizados no Rio, a seleção composta

A construção da Nação Canarinho

exclusivamente de jogadores que disputavam o campeonato carioca foi treinada por Zezé Moreira, no jogo contra o Chile (1 x 1), e por Flávio Costa, no jogo contra o Paraguai (4 x 0). Em São Paulo, a mesma lógica foi aplicada, com Vicente Feola dirigindo o selecionado de atletas paulistas na partida contra o Chile (2 x 1), e Osvaldo Brandão, no jogo contra o Paraguai (3 x 3). Embora se pudesse criticar a adoção de uma estratégia altamente pluralista para obter a coesão da equipe, a direção da CBD se mostrou satisfeita com os resultados alcançados em campo e com as rendas das partidas, que acrescentaram Cr$ 580 mil às contas da entidade.

Em 1956, a seleção brasileira de futebol participou de 24 jogos, sendo 20 deles em países estrangeiros. Esses números superlativos, que resultaram na conquista do bicampeonato pan-americano e das taças Oswaldo Cruz e Atlântico, representaram também uma fonte de receita que injetou nas contas da CBD Cr$ 1,7 milhão. Novamente, o Brasil seria representado nesses torneios e partidas amistosas por equipes de escalação regional. Para o Campeonato Sul-Americano extraordinário, realizado em Montevidéu nos meses de janeiro e fevereiro, a CBD enviou um combinado de jogadores paulistas dirigidos por Osvaldo Brandão. Apesar de bons resultados, como a vitória contra Argentina (2 x 1) e o empate com o Uruguai (0 x 0), a derrota na estreia para os chilenos (1 x 4) havia eliminado a possibilidade de luta pelo título. Em março, uma equipe de jogadores gaúchos, dirigidos por José Francisco Duarte, fez uma excelente campanha no Pan-Americano disputado no México. Com quatro vitórias e um empate, o selecionado brasileiro sagrou-se novamente campeão do torneio. Nos meses de abril e maio, Flávio Costa conduziu uma equipe de grandes talentos dos principais times de São Paulo e do Rio em uma longa excursão pelo continente europeu. Com três vitórias (Portugal, Áustria e Turquia), dois empates (Suíça e Tchecoslováquia) e duas derrotas (Itália e Inglaterra), esse roteiro de amistosos serviu para consolidar jogadores como Nílton Santos, De Sordi e Didi na condição de titulares do selecionado nacional. Na volta ao Brasil, Flávio Costa seria mantido no cargo e conduziria a equipe em jogos contra Argentina, Uruguai, Paraguai, Itália e Tchecoslováquia. Em agosto, ao final de um extenuante calendário de compromissos esportivos, o presidente da CBD mostrava-se satisfeito com seus planos para a seleção, que a ajudariam inclusive a superar algumas de suas "fragilidades":

> Ninguém ignora que um dos males que perturbam os nossos jogadores nos encontros decisivos têm sido os excessos da emotividade, oriundos da falta de intercâmbio internacional em jogos de seleção. Era preciso criar o hábito de encontros dessa natureza. Urgia fazer com que o profissional brasileiro encarasse essas competições com maior naturalidade, para vencer-se a si próprio antes de vencer o adversário (*Relatório da CBD*, 1956).

Estava claro que, na conjuntura dos anos 1950, a CBD se havia consolidado como uma entidade que direcionava seus interesses e investimentos para o melhor desempenho do futebol, em especial para a preparação de um selecionado em condições de empreender grandes conquistas internacionais. Para além do mero cálculo de otimização dos investimentos, o que fica evidente é a decisão política dos dirigentes de realmente fazer do futebol o objeto prioritário da gestão desportiva da CBD. Não se cogitava usar os recursos oriundos do futebol para favorecer o desenvolvimento de modalidades

A construção da Nação Canarinho

sem grande apelo popular. A política de esportes da CBD se resumia, no fundo, a tocar o grande projeto de ampliação da representação internacional do futebol brasileiro.

A agenda da entidade para o ano de 1957 voltou a evidenciar a política de investimentos maciços na seleção brasileira de futebol. Duas competições tinham uma importância central para os planos traçados: o Campeonato Sul-Americano, na capital peruana, e a disputa das eliminatórias para a Copa do Mundo de 1958. Diante da importância da classificação para o mundial da Suécia, a CBD optou por reduzir o número de partidas amistosas marcadas para o ano e concentrar-se na definição e preparação de um elenco que pudesse superar com facilidade a fase inicial do torneio da Fifa. Contudo, o resultado do Sul-Americano fez brotar novamente a semente da dúvida e da insegurança.

Mesmo com o saldo positivo das partidas em que atuara como técnico do selecionado, Flávio Costa não foi chamado para dirigir a equipe nacional no campeonato continental. Osvaldo Brandão ganhava uma nova chance à frente de uma equipe que fora definida no ano anterior. Os primeiros jogos da competição confirmaram as expectativas. O Brasil não encontrou a menor dificuldade para superar Chile (4 x 2), Equador (7 x 1) e Colômbia (9 x 0). No dia 28 de março, a sombra uruguaia novamente viria eclipsar o sol das esperanças brasileiras. Em um jogo bastante equilibrado, o selecionado canarinho seria derrotado por 3 a 2. A equipe também encontrou dificuldades para derrotar os anfitriões pela contagem mínima. Os jogadores começavam a recobrar a confiança na conquista do título sul-americano, quando os antigos rivais argentinos aplicaram o golpe mais impiedoso em suas pretensões. A categórica vitória dos platinos por 3 a 0 deixou os dirigentes brasileiros diante

de um grande impasse. Como o primeiro jogo das eliminatórias para a Copa fora marcado para o dia 13 de abril de 1957,
visando a aproveitar a presença do selecionado brasileiro na
capital peruana, não havia tempo hábil para mudanças radicais
na direção ou na escalação da seleção. Visivelmente abalado, o
Brasil não passou do empate de 1 a 1 com os peruanos, o que
revestiu a partida decisiva das eliminatórias, prevista para o
Rio de Janeiro, de um alto grau de dramaticidade.

Em 21 de abril de 1957, um público estimado em 120 mil
pessoas acorreu ao Maracanã para o embate decisivo contra
o Peru. O cenário da fatídica final contra os uruguaios parecia assombrar jogadores, dirigentes e torcedores. Uma grande
tensão emudecia as arquibancadas, como se ainda prolongas-
se o eco surdo da tarde de 16 de julho de 1950. Por mais que o
selecionado atacasse, muitas vezes desordenadamente, a meta
defendida por Rafael Asca parecia inatingível. Uma cobrança
de falta por Didi, com todo o efeito da "folha seca", selou o
placar definitivo. No magro 1 a 0, o Brasil se habilitava para
o mundial da Suécia. No entanto, os preocupantes sinais de
descontrole da equipe continuavam claros. Por mais que a
CBD tivesse investido em um prolongado programa de treinamentos, com a realização de jogos contra selecionados sul-
americanos e europeus, os jogadores ainda pareciam exibir
as marcas da tão falada "inferioridade de caráter". Também
foi considerada negativa a experiência de alternância de técnicos no comando da seleção, principalmente por não se ter
conseguido forjar um treinador com condições de atender às
expectativas da direção da CBD. No segundo semestre do ano,
tendo em vista as partidas válidas pela Copa Roca e pela Taça
O'Higgins, a CBD não quis manter Brandão no comando da
equipe. Dois técnicos diferentes foram utilizados, ambos na

declarada condição de interinos: Sylvio Pirillo e Pedro Rodrigues Pinto.

O projeto de uma prolongada e criteriosa preparação da seleção brasileira, que havia sido definido como prioridade na gestão de Sylvio Pacheco, chegava, ao final de seu mandato de três anos, a resultados dúbios. Se a classificação para o Campeonato Mundial fora assegurada, bem como a conquista de dois torneios pan-americanos, não se conseguira atingir o ideal de constituição de um time sólido, consistente, capaz de apagar a incômoda impressão de um conjunto emocionalmente frágil. Por outro lado, embora a conquista do título mundial fosse ambicionada por todos os dirigentes esportivos brasileiros, muitos questionavam a centralidade excessiva do futebol na estrutura da CBD. Essa situação levou alguns dirigentes a buscarem uma proposta alternativa, que pudesse conduzir a bom termo o sonho da Jules Rimet, mas que também incluísse um maior investimento no esporte amador. A busca desse duplo objetivo faria de João Havelange o protagonista de uma campanha de reformulação da identidade da CBD.

Ex-atleta e dirigente dos esportes aquáticos, Havelange apresentava um perfil raro nos meios esportivos do Brasil: era jovem (contava na época 41 anos), atuara em clubes e federações dos dois principais centros desportivos do país (fora presidente das federações Paulista e Metropolitana de Esportes Aquáticos) e conhecia profundamente a estrutura de poder da área desportiva, graças à sua atuação como conselheiro do CND. Sua eleição para a presidência da CBD, em 14 de janeiro de 1958, consumou o gradual processo de renovação das lideranças esportivas que tinha sido iniciado na gestão de Sylvio Pacheco. A geração de dirigentes que tinha começado sua trajetória na década da adoção do profissionalismo e do modelo centralizado de gestão esportiva saía de cena para dar lugar a um novo conjunto de gestores, com táticas e objetivos nitidamente distintos.

Modernidade e consagração: o "caneco" de 1958

O compromisso de João Havelange com a promoção equitativa de maior diversidade de modalidades esportivas ficou claro logo no início de seu mandato. Embora estivesse de posse de relatórios que indicavam escassez de recursos disponíveis para a preparação da seleção brasileira de futebol, o novo presidente assegurou o envio de nadadores e atletas para competições internacionais. Para tanto, não se furtou a lançar mão de empréstimos de longo prazo e a percorrer gabinetes de autoridades do Executivo e do Legislativo federais amealhando verbas.

Apesar do envolvimento de João Havelange com as chamadas modalidades olímpicas, a prioridade da agenda para 1958 era inegavelmente a preparação de uma equipe em condições de conquistar o Campeonato Mundial de Futebol na Suécia. Havelange filiava-se ao modelo de preparação do selecionado proposto no plano de Sylvio Pacheco: acreditava que o caminho para as grandes conquistas passava por uma administração criteriosa das variáveis envolvidas no processo de constituição de uma equipe. Se o atleta brasileiro típico estava fadado a uma proverbial instabilidade emocional e a uma insistente teimosia em se submeter a regras e normas, tornava-se necessário encontrar formas de sanar tais deficiências.

Entrava-se, aqui, no território em que se misturavam princípios administrativos e fabulações simbólicas acerca das características inerentes à "raça" brasileira. O brasileiro, como dizia Gilberto Freyre, expressava-se artisticamente em campo através de um bailado mulato. Essa forma de jogar era, no entanto, recorrentemente derrotada por equipes "cientificamente" organizadas (como foi o caso da Hungria em 1954) ou dotadas de uma coesão e força de caráter superiores (a altivez de Obdulio Varela, o líder do time uruguaio de 1950, era sempre evocada como parâmetro comparativo). Logo, era necessário aliar a arte singular do jogo da bola no pé aos princípios organizacionais do *association football*. A ideia, encampada pela nova presidência da CBD, era dotar o selecionado brasileiro de todo um conjunto de forças auxiliares que pudessem promover a superação de suas tradicionais deficiências. Para vencer era necessário organizar-se, programar-se estrategicamente e curar mazelas físicas, morais e psicológicas. Só assim se poderia pavimentar o caminho para a conquista mundial. Encontramos embutida nesse discurso uma clara proposta civilizatória, que procurava incorporar à representação simbólica da nacionalidade um conjunto de elementos então associados à modernidade e ao progresso. Nesse sentido, a seleção brasileira de futebol enviada à Suécia poderia servir de parâmetro para a sociedade brasileira. O atraso só podia ser superado através da organização científica do trabalho.

O modelo de preparação do selecionado incorporou uma nova forma de se pensar a organização desportiva. Em lugar de uma estrutura minimalista, onde o técnico dividia com o chefe da delegação todas as responsabilidades sobre o elenco, Havelange estabeleceu uma grande comissão técnica, com funções especializadas e responsabilidades claramente fixadas. Para a chefia da delegação, a CBD indicou um dos membros de sua diretoria, Paulo Machado de Carvalho, empresário paulista pertencente a uma família de tradicional vínculo com o São Paulo Futebol Clube. Carvalho já havia contribuído para a preparação da seleção nos anos da administração Sylvio Pacheco, mas retornava agora em condições particulares para implantar o novo modelo de administração. Fiando-se no bordão "cada macaco no seu galho", que insistia em repetir em reuniões e entrevistas, montou uma equipe de apoio jamais vista no futebol brasileiro. A secundá-lo, estava Carlos de Oliveira Nascimento, na função de supervisor. Antigo companheiro de Havelange nas equipes de natação do Fluminense, Nascimento exercia na equipe suburbana do Bangu o papel de grande administrador que era desejado na equipe técnica do selecionado nacional. Sua função ia além do assessoramento do chefe da delegação. Ele era o grande e meticuloso planejador de toda a programação de trabalho da equipe. Do Fluminense, foi trazida a dupla José de Almeida Filho e Adolfo Ribeiro Marques Júnior, respectivamente assessor administrativo e tesoureiro da comissão. Também se optou por manter um médico e um preparador físico inteiramente dedicados aos atletas que serviriam à CBD. Os escolhidos foram Paulo Amaral, que treinava o Botafogo, e Hilton Lopes Gosling, do corpo médico do Bangu. A presença de um médico servia para padronizar as avaliações e diagnósticos. Muitos jogadores que serviam à seleção traziam de seus clubes fichas médicas extremamente imprecisas. O papel atribuído a Gosling e Amaral estava associado ao projeto "civilizatório" do selecionado. Se, no imaginário nacional, o homem médio brasileiro era uma figura associada às doenças da miséria, à inanição e às verminoses, o modelo de atleta (e, portanto, do homem brasileiro moderno) que se buscava construir deveria por princípio ser saudável, fisicamente perfeito.

Mas o atleta modelar buscado pela comissão técnica não deveria se limitar a uma fortaleza de músculos. Deveria ser um homem emocionalmente apto, inabalável em seu equilíbrio mental. Episódios como o chute de Domingos em Piola, ou a batalha campal de Berna, sem falar no tão propalado colapso emocional coletivo na final da Copa de 1950, eram sempre lembrados como provas da fraqueza psicológica do brasileiro. Talvez as elites nacionais não tivessem ainda se livrado do diagnóstico fatalista de Euclides da Cunha, que considerava os mestiços brasileiros neurastênicos e histéricos. Para ultrapassar essa barreira "atávica", a CBD contratou o sociólogo João Carvalhaes para aplicar testes de avaliação psicológica nos atletas que comporiam a seleção. Fiel aos métodos introduzidos no país por Emilio Mira y Lopes, Caravalhaes produziu um longo e detalhado diagnóstico das mazelas ocultas dos jogadores. Suas análises eram devastadoras e recomendavam férrea atenção ao comportamento cotidiano dos atletas. Embora jogadores como Zito e Nílton Santos fossem considerados plenamente aptos para exercer funções de liderança, outros, como Pelé e Garrincha, eram tidos como imaturos ou incapazes de seguir os mais simples comandos. Em função desse cenário, Paulo Machado de Carvalho e Carlos Nascimento estabeleceram um programa constante de acompanhamento dos jogadores no período de preparação no Brasil e durante a disputa do campeonato.

A escolha do técnico causou surpresa nos meios esportivos. Enquanto muitos cogitavam o retorno de Flávio Costa ou Zezé Moreira, a direção da CBD já havia feito outra escolha. Vicente Feola, técnico do São Paulo que estivera à frente da seleção em uma única partida (vitória sobre o Chile, em 1955), era o nome de confiança da entidade. Certamente foi decisivo o apoio de

Paulo Machado de Carvalho, que convivia com o treinador no clube paulista. O chefe da delegação sabia que o perfil do técnico se adequava ao modelo de trabalho coletivo. Figura de porte físico peculiar, de estilo discreto, por trás do anedotário escondia-se um homem extremamente meticuloso em seu trabalho e com graves problemas coronarianos. Feola dividiu com os membros da comissão técnica a tarefa de selecionar os jogadores que representariam o Brasil na sexta edição do torneio da Fifa.

No dia 7 de abril de 1958, os convocados se apresentaram para o início da preparação, que teve lugar nas estâncias de Poços de Caldas e Araxá. Na primeira quinzena de maio, os jogadores disputaram quatro jogos preparatórios, contra Paraguai (válidos pela Taça Osvaldo Cruz) e Bulgária. Embora o selecionado tivesse vencido três dessas partidas por um placar elástico, os jornalistas que acompanhavam a preparação percebiam ainda muitas inconsistências no time. A linha de ataque era frequentemente alterada, evidenciando as dúvidas da comissão técnica sobre a formação ideal. Na realidade, parecia uma cabal prova da ineficiência do planejamento para a Copa o fato de o time ainda não estar definido e atuando coletivamente como tal, mesmo após três anos de intensos preparativos e quase meia centena de jogos disputados. No último jogo realizado antes do embarque para a Europa, mesmo com uma fácil vitória sobre o time do Corinthians, a seleção deixaria o estádio do Pacaembu sob intensa vaia.

A comissão técnica, escudada pelo apoio integral da direção da CBD, levou adiante o detalhado planejamento que orientava o caminho rumo à Copa. Após realizar amistosos na Itália, visando principalmente a gerar recursos financeiros, o Brasil se instalou na concentração da cidade de Hindas, próxima

A construção da Nação Canarinho

de Gotemburgo. Pela primeira vez na história da participação brasileira em copas do mundo, o selecionado contava com um hotel próprio, previamente reservado, com condições para o desenvolvimento das atividades físicas e táticas.

Os dois primeiros jogos mostraram um time ainda padecendo de algumas definições em posições-chave. Após uma tranquila vitória de 3 a 0 sobre a Áustria, o empate sem gols com a Inglaterra deixava a equipe em uma situação limite: era preciso vencer o terceiro adversário para avançar na competição. E esse adversário era a União Soviética, a fortíssima equipe campeã olímpica de 1956, o melhor representante do temido "futebol científico". Era a chance de mostrar que o investimento feito na preparação do time levara a resultados efetivos. De um lado, era o teste definitivo da tese de que o talento brasileiro, submetido a princípios organizacionais, nada devia às escolas taticamente mais aprimoradas da Europa. De outro, era a chance de observar se o equilíbrio emocional dos jogadores resistiria a uma situação extrema que, em muitos sentidos, relembrava o confronto com os húngaros no torneio anterior. O resultado da partida confirmou a aposta dos dirigentes brasileiros em ter promovido um grande investimento na montagem de uma estrutura profissional de apoio aos jogadores. Com brilhante atuação individual de Garrincha, que conquistara a condição de titular na véspera do jogo como uma artimanha da comissão técnica para suplantar a previsibilidade mecânica dos soviéticos, o Brasil impôs 2 a 0 no time favorito do torneio.

A partir desse 15 de junho, o destino do selecionado na competição parecia estar resolvido. Mesmo em situações extremas (como a forte retranca galesa ou o gol dos suecos logo nos primeiros minutos da decisão), o grupo de jogadores não demonstraria instabilidade emocional, não abandonaria o desenho tático, não ignoraria o plano de jogo, não deixaria de demonstrar a harmoniosa união entre talento e força física. Enfim, o modelo de preparação da seleção havia se mostrado eficiente e conduzia o time em direção à concretização da grande aspiração dos meios esportivos nacionais. Quando, na tarde de 29 de junho de 1958, ao atender o apelo de jornalistas que não conseguiam um bom ângulo para fazer suas fotos, Hideraldo Luís Bellini ergueu a Taça Jules Rimet sobre a cabeça, um sentido simbólico superior permeou aquele gesto. Mais que a conquista esportiva, iniciava-se ali a disseminação do discurso da redenção da raça brasileira. A aposta da direção da CBD na condução de um processo exaustivo de preparação física e emocional dos jogadores havia produzido campeões mundiais. O processo civilizatório tinha cumprido seu itinerário. Abandonando a terminologia técnica, o relatório da CBD referente ao ano de 1958 reconheceria o acerto das políticas adotadas por seus dirigentes:

> O presidente João Havelange soube antes, sensatamente, conquistar o amparo das entidades superiores e dos poderes constituídos do governo, e congregar junto a si os desportistas de bem do Brasil, para depois reunir uma equipe primorosa de homens dignos, dotados da melhor boa vontade e são patriotismo que, conscientemente, friamente, disciplinadamente, souberam fazer cumprir um planejamento preestabelecido, para conquistarmos a decantada Copa do Mundo! Consagração brilhante e definitiva, há tantos anos acalentada! Na verdade, nunca uma realidade foi tão bem o retrato de uma esperança! O Brasil é o Campeão Mundial de Futebol! (*Relatório CBD*, 1958).

A construção da Nação Canarinho

Se o formato burocrático da letra fria de um relatório institucional não conseguia conter a exaltação motivada pela conquista, a prosa exuberante de Nelson Rodrigues perpetuou nas páginas da *Manchete Esportiva* a mais significativa expressão do sentido simbólico que o campeonato de futebol assumia para a sociedade brasileira:

Graças aos 22 jogadores, que formaram a maior equipe de futebol da Terra em todos os tempos, graças a esses jogadores, dizia eu, o Brasil descobriu-se a si mesmo. Os simples, os bobos, os tapados hão de querer sufocar a vitória nos seus limites estritamente esportivos. Ilusão! Os 5 x 2, lá fora, contra tudo e contra todos, são um maravilhoso triunfo vital de todos nós e de cada um de nós. Do presidente da República ao apanhador de papel, do ministro do Supremo ao pé-rapado, todos aqui percebemos o seguinte: é chato ser brasileiro! Já ninguém tem mais vergonha de sua condição nacional. E as moças na rua, as datilógrafas, as comerciárias, as colegiais, andam pelas calçadas com um charme de Joana D'Arc. O povo já não se julga mais um vira-latas. Sim, amigos: o brasileiro tem de si mesmo uma nova imagem. Ele já se vê na generosa totalidade de suas imensas virtudes pessoais e humanas. (...) E vou mais além: diziam de nós que éramos a flor de três raças tristes. A partir do título mundial, começamos a achar que a nossa tristeza é uma piada fracassada. Afirmava-se também que éramos feios. Mentira! Ou, pelo menos, o triunfo embelezou-nos. Na pior das hipóteses, somos uns ex-buchos. (...) O brasileiro sempre se achou um cafajeste irremediável e invejava o inglês. Hoje, com a nossa impecabilíssima linha disciplinar no Mundial, verificamos o seguinte: o verdadeiro inglês, o único inglês, é o brasileiro (Rodrigues, 1994a:61).

A nova imagem dos brasileiros, exaltada por Nelson Rodrigues, transbordava nas ruas do Rio de Janeiro quando a porta do avião se abriu no aeroporto do Galeão. Aos olhos de dirigentes, jogadores e membros da comissão técnica, o saldo do investimento da CBD na formação de um time que pudesse superar os tradicionais fracassos ficava evidente ali. Através do imaginário do futebol, a seleção de 1958 se tornou o símbolo de um projeto nacional que tendia ao sucesso. Algo perfeitamente conectado ao contexto da época, quando o governo nacional-desenvolvimentista do presidente Juscelino Kubitschek assentava as bases para a modernização nacional. Era na direção do presidente, do representante máximo do Brasil oficial, que os campeões deveriam se encaminhar. Obedecendo o protocolo estabelecido, a delegação seguiu pela cidade até o Palácio do Catete, para a cerimônia formal de recepção. Alertado por seus amigos da Associação Uruguaia de Futebol, Havelange autorizou a troca do troféu por uma réplica da Jules Rimet durante o desfile em carro aberto. Ao chegar à sede do governo, após a celebração coletiva com o lado popular da festa, o verdadeiro troféu de ouro e bronze foi enfim apresentado. Cerimoniosamente, Havelange o ofereceu a Kubitschek, que, eufórico, decidiu tomar champanhe no "caneco". Nesse inusitado brinde, dois homens-símbolos do século XX compartilhavam suas expectativas para o futuro. A era da euforia e da fé no crescimento nacional, preconizada por JK, encontrava seu tom. A carreira de Havelange, que se entrecuzaria com a do selecionado nacional, ostentava sua primeira grande conquista.

Capítulo 4

A consolidação da Nação Canarinho

O movimento dos campeões mundiais em seu retorno ao Brasil foi intenso. Governantes, artistas de rádio, associações de torcedores, todos se revezavam nas homenagens aos homens que haviam alcançado a condição de heróis. Em São Paulo, o governador Ademar de Barros condecorou todos com a mais alta comenda do estado. Por seu lado, o governo federal prometeu emprego público e casa própria para todos os jogadores. O presidente da CBD, no entanto, pouco pôde participar dessas solenidades. Após meses de trabalho na preparação e organização da equipe, João Havelange foi acometido de uma grave crise nervosa que o deixou hospitalizado. Alguns membros da direção da CBD, diante do quadro de saúde da autoridade máxima da entidade, preparavam-se para abrir o processo sucessório. Contrariando, porém, as expectativas, Havelange recuperou-se em curto espaço de tempo e voltou à CBD para dar continuidade ao seu ambicioso projeto esportivo e administrativo.

O bicampeonato mundial

Os compromissos oficiais da equipe campeã mundial tiveram início no mês de março de 1959, com a disputa do Campeonato Sul-Americano. Seguindo o padrão implantado no ano anterior, Vicente Feola foi mantido na função de técnico da equipe e passou a contar com uma comissão técnica mais enxuta para assessorá-lo. No início do mês de março, a equipe seguiu para Buenos Aires, a sede do torneio, tendo seu time básico escalado a partir do conjunto de protagonistas da vitória na Suécia. As expectativas quanto a um desempenho avassalador no torneio foram logo frustradas com o empate, na estreia, diante dos peruanos (2 x 2). Embora ainda existisse um grande encantamento com o grupo responsável pela conquista da Jules Rimet, não faltaram vozes para criticar um possível desinteresse dos jogadores. O temor do abatimento moral ainda parecia ser uma sombra a ameaçar a estabilidade da equipe. Nos jogos seguintes, a equipe conseguiu se impor com vitórias convincentes sobre chilenos, bolivianos, paraguaios e mesmo os temidos algozes uruguaios. O Brasil enfrentou os anfitriões no jogo final com a obrigação da vitória e o temor de uma possível perseguição movida pelos árbitros hispânicos. Afinal, na partida contra o Uruguai, a tolerância do juiz com a violência da marcação dos celestes desencadeou um tumulto generalizado. As admoestações da comissão técnica permitiram que o time se organizasse para vencer os paraguaios, mas, na final, o clima de rivalidade exercia uma pressão inédita. O placar final, configurando um empate por 1 a 1, seria muito questionado pela imprensa brasileira, que mesmo com a perda do título, avaliou positivamente o desempenho do selecionado.

Feola ainda dirigiu o time em mais três partidas no ano de 1959: as vitórias sobre a Inglaterra no Maracanã (2 x 0) e em duas partidas contra o Chile (7 x 0 e 1 x 0), válidas pela Taça O'Higgins. A realização de um torneio sul-americano extra, organizado pela Federação Equatoriana, conduziu a CBD a uma decisão que visava a não sobrecarregar os atletas nem prejudicar os times. Gentil Cardoso foi convidado para dirigir a equipe, que deveria ser formada exclusivamente por jogadores da Federação Pernambucana. Os resultados foram desapontadores. O selecionado sofreu goleadas para seus mais tradicionais rivais, Argentina (1 x 4) e Uruguai (0 x 3), vencendo com dificuldades os paraguaios (3 x 2) e equatorianos (2 x 1). O descanso dado nesse torneio aos jogadores campeões mundiais tinha como objetivo a preparação para uma exaustiva agenda que deveria ser cumprida no ano seguinte. Ciente do valioso ativo que administrava, a direção da CBD aceitou uma série de convites para amistosos contra seleções e times da África e Europa. Esses jogos, além de contribuírem para uma receita de aproximadamente Cr$ 39 milhões, que equilibraria o caixa da entidade naquele exercício, serviriam para o programa de preparação prolongada da equipe, que ainda teria compromissos pela Copa Roca e pela Taça do Atlântico.

A programação para o ano de 1960 fez a CBD optar pelo envio de mais um selecionado regional para um compromisso internacional, o Campeonato Pan-Americano, realizado na Costa Rica no mês de março. Coube novamente a jogadores gaúchos a representação brasileira. Dirigidos pelo técnico Osvaldo Azzarini, os jogadores tiveram um fraco início de torneio, incluindo uma vexatória derrota para a equipe da casa (0 x 3), inexpressiva no cenário mundial. No segundo turno da competição, apesar de vencer todas as partidas, inclusive contra a Argentina (1 x 0), a equipe não conseguiu pontos suficientes para garantir o terceiro título nessa competição.

Enquanto os gaúchos voltavam para casa, a seleção principal era preparada para a excursão internacional. Comandados por Feola, os campeões do mundo tiveram atuação exemplar em amistosos contra times suecos e portugueses, seleções inconsistentes do continente africano e da Europa. Na volta da excursão, a equipe teria os tradicionais compromissos com a Argentina, válidos pela Copa Roca. Feola, cujo estado de saúde preocupava a direção da CBD, voltou a apresentar problemas cardíacos, levando o comando da entidade a cogitar sua dispensa. A confiança de Paulo Machado de Carvalho e o apoio dos jogadores mantiveram o treinador à frente do selecionado. Com uma escalação bem distinta do time que vencera o mundial, por conta de contusões e do programa de testes de novos talentos, o Brasil travou uma série épica contra os rivais platinos, conquistando a taça após uma goleada (4 x 1) em pleno Monumental de Nuñez.

O agravamento da condição clínica do treinador fez com que a CBD decidisse por seu afastamento, cabendo a Aymoré Moreira, de controversa passagem anterior pelo comando, a tarefa de continuar a preparação para o campeonato da Fifa no Chile em 1962. Aymoré estreou bem, com a conquista da Taça do Atlântico (incluindo uma goleada na partida final contra a Argentina pelo placar de 5 a 1), e ganhou apoio integral da direção da entidade para firmar-se como técnico do time que defenderia o título mundial.

Enquanto a programação do selecionado era cumprida à risca, a CBD tratava de obter condições ideais de infraestrutura para a disputa da Copa do Mundo. Graças às boas relações

A construção da Nação Canarinho

estabelecidas com os dirigentes chilenos, evidenciadas pelo apoio do Brasil à candidatura do Chile a sede da competição, os brasileiros puderam se antecipar na escolha da cidade-sede dos seus jogos, das instalações da equipe e dos locais de treinamento. Por temer as condições climáticas do inverno chileno, a CBD conseguiu que a cidade costeira de Viña Del Mar fosse definida como local dos jogos do selecionado na primeira fase da Copa. Muitos criticaram, inclusive no congresso internacional da Fifa, essa antecipação de definições, mas o fortalecimento da posição política da representação brasileira na entidade rapidamente dissipou qualquer insinuação de favorecimento. Os campeões do mundo, que não disputavam eliminatórias, tinham direito a certas prerrogativas especiais.

Diferentemente do que havia ocorrido na edição anterior da Copa do Mundo, a CBD não julgou necessário o cumprimento de uma grande agenda de partidas preparatórias no ano que antecedia a competição. No planejamento apresentado por Paulo Machado de Carvalho e Carlos de Oliveira Nascimento, o selecionado, que havia adquirido experiência em confrontos internacionais com o passar dos anos, estava plenamente capacitado, em termos emocionais, para o enfrentamento de um torneio da magnitude da Copa da Fifa. No entendimento dos responsáveis pela estruturação da seleção de futebol, o título na Suécia fora o verdadeiro rito de passagem do futebol brasileiro, o teste definitivo do condicionamento dos nossos jogadores ao padrão internacional de competitividade. Esse pressuposto, no entanto, não representava o abandono das linhas organizacionais que haviam sido coroadas no torneio de 1958. Planejamento, disciplina, organização e condicionamento físico e emocional continuavam a ser os pilares a partir do quais a comissão técnica alicerçava a montagem da equipe. Dessa vez o desafio era muito distinto do enfrentado quatro anos antes. O Brasil precisava ratificar a sua condição de maior equipe do planeta, confirmando a condição de favorito ao título. Para tanto, novas diretrizes de preparação precisavam ser traçadas.

No dia 20 de março de 1962, a exatos 42 dias da estreia na Copa, os convocados apresentaram-se para dar início aos preparativos que antecederam a competição. Dessa vez, a CBD se limitou a agendar seis partidas antes do início do torneio. Contra o Paraguai, o time realizou dois jogos válidos pela Taça Osvaldo Cruz, vencendo ambos por folgada margem de gols (6 x 0 e 4 x 0). No início de maio, foram realizados dois amistosos contra a seleção portuguesa e dois contra o País de Gales. Aymoré Moreira, apesar de contar com a base do time que conquistara a Jules Rimet, utilizou essas partidas para mesclar novos atletas ao conjunto. Dessa forma, após os treinamentos realizados nas cidades serranas de Campos do Jordão, Serra Negra e Nova Friburgo, o Brasil embarcava para o Chile na condição de favorito, mas sem ter o time completamente definido.

A comissão técnica reunida para o Mundial anterior foi recomposta. Vicente Feola, impossibilitado de permanecer na condição de treinador, foi incorporado à delegação como assessor especial do supervisor, Carlos de Oliveira Nascimento. O time foi submetido a forte carga de exercícios, orientada por Paulo Amaral, sob a constante avaliação do médico Hilton Gosling. Tendo podido observar e convocar um número considerável de jogadores jovens, Aymoré Moreira optou por repetir na estreia do Brasil quase o mesmo time que decidira o título quatro anos antes. A única exceção era o zagueiro Orlando, que atuava no futebol argentino e fora substituído pelo vigoroso atleta banguense Zózimo. A aposta na experiência mostrou-se a mais correta, e o time venceu os mexicanos por 2 a 0, sem precisar se esforçar.

A tranquilidade que o selecionado encontrou na partida inicial não se repetiria no segundo confronto da tabela do campeonato. Contra o futebol compacto do time da Tchecoslováquia, organizado em torno do talento do meio-campista Josef Masopust, a equipe brasileira não passaria de um empate sem gols. Com esse resultado, tornava-se obrigatória para o time a conquista de uma vitória sobre a temida seleção espanhola, reforçada pelos talentos naturalizados de Puskas e Di Stefano (que, machucado, não entrou em campo contra o Brasil). Para tornar o quadro ainda mais preocupante, Aymoré Moreira não poderia mais contar com Pelé na competição. No lugar do atleta do Santos, que sofrera distensão muscular na região da virilha, foi escalado o jovem Amarildo. Contando com uma atuação soberba de Garrincha, o selecionado voltou a apresentar o seu grande potencial ofensivo e eliminou a "fúria" pelo placar de 2 a 1. A categórica vitória confirmava os prognósticos acerca da condição técnica excepcional dos brasileiros. Sem dificuldades, o time superou em sequência os ingleses e a seleção anfitriã e, em novo embate com os tchecos, decidiu o título. Nessa segunda partida, as dificuldades encontradas no jogo da fase inicial foram facilmente superadas. Mesmo com um início tenso, que permitiu a abertura do marcador pelos adversários, o time canarinho conseguiu dominar a dinâmica da partida e marchar para a consagradora vitória por 3 a 1.

A condição de favoritos não havia desequilibrado os atletas, agora legítimos bicampeões mundiais. A epopeia sueca não fora um acaso. A repetição da conquista indicava, sem espaço para questionamentos, que a posição assumida pelo futebol brasileiro no cenário internacional era resultado de um trabalho sistemático de preparação aliado ao talento dos "lúdicos mulatos". A parcela de responsabilidade da direção da CBD era reconhecida por analistas e cronistas esportivos, tais como Armando Nogueira, que saudou a comissão técnica do selecionado como um grupo "formado por homens que procuram acertar, que sabem ser discretos e humildes". A fórmula da mistura encontrada na preparação da seleção também atraía Nelson Rodrigues, que compreendia que, sem as bases táticas e organizativas, o talento redundaria em um poético fracasso. Somente a conjunção talento-estrutura explicava o fenômeno:

> Amigos, ninguém pode imaginar a frustração dos times europeus. Eles trouxeram, para 62, a enorme experiência de 58. Jogaram contra o Brasil na Suécia, trataram de desmontar o nosso futebol, peça por peça. Toda a nossa técnica e toda a nossa tática foram estudadas, com sombrio *élan*. (...) Após quatro anos de meditação sobre o nosso futebol, o europeu desembarca no Chile. Vinha certo, certo, da vitória. Havia, porém, em todos os seus cálculos, um equívoco pequeno e fatal. O forte do Brasil não é tanto o futebol, mas o homem. Jogado por outro homem, o mesmíssimo futebol seria o desastre (Rodrigues, 1994b:80).

Para a CBD, a vitória na Copa do Mundo de 1962 não teve o efeito transformador que a conquista na Suécia tivera. Embora o bicampeonato mundial viesse consolidar um modelo de gestão e valorizar ainda mais a marca da seleção brasileira de futebol, a confederação experimentava, no início dos anos 1960, uma grande crise fiscal que afetaria a sua capacidade

A construção da Nação Canarinho

de realizar investimentos. Se a vitória na Suécia dera fôlego, inclusive financeiro, para uma administração que se iniciava com uma agenda corajosa, a confirmação do título no Chile chegou em um momento no qual a diretoria se via às voltas com a necessidade de encontrar novas maneiras de garantir a sustentação econômica da entidade.

A perspectiva de um cenário catastrófico para o caixa da CBD levou a direção da entidade à decisão de tentar arrecadar recursos com amistosos da seleção de futebol durante o ano de 1963. Aproveitando-se da disponibilidade dos times para liberar os jogadores para as partidas da Copa Roca, que seria disputada no mês de abril, a CBD decidiu prolongar a reunião da equipe e agendar uma excursão à Europa, África e Oriente Médio. Isso impediu a seleção principal de disputar o Campeonato Sul-Americano de 1963, realizado no Paraguai. Mais uma vez, a CBD lançou mão da solução de enviar uma seleção regional para representar o país numa competição internacional. O técnico Aymoré Moreira montou seu time com base na seleção mineira, vencedora do decadente Campeonato Brasileiro de seleções, e o resultado foi indigno de um bicampeão mundial. Derrotas para Argentina, Paraguai e Bolívia deram margem a muitas críticas, inclusive da imprensa internacional, que aguardava o desempenho de qualquer selecionado brasileiro como uma demonstração de força da equipe detentora dos dois últimos torneios mundiais da Fifa. Essas manifestações ainda iriam ecoar entre dirigentes e jogadores quando, no primeiro jogo da Copa Roca, nova derrota, dessa vez para a Argentina, lançou dúvidas quanto à forma correta de se proceder à preparação do selecionado. Afinal, em 16 de abril de 1963, um público de mais de 130 mil pessoas assistiu no Maracanã a uma exibição de garra e talento do selecionado nacional. Com a base do time que fora à última edição da Copa do Mundo, o Brasil superou seu rival continental no tempo regulamentar e prorrogação, conquistando mais um troféu dessa competição internacional.

A confiança no talento dos bicampeões não se manteve por muito tempo. A longa excursão programada para os meses de abril e maio foi impiedosa. A seleção brasileira sofreu derrotas para Portugal (0 x 1), Bélgica (1 x 5), Holanda (0 x 1) e Itália (0 x 3). Na verdade, no curto intervalo de 29 dias, o selecionado visitou nove países e jogou igual número de partidas. Apesar da rotina estafante, a viagem contribuiu para o superávit de Cr$ 118 milhões naquele ano. No retorno, a CBD decidiu não realizar excursões no ano seguinte, para concentrar-se no torneio classificatório para as Olimpíadas de Tóquio e para a Taça das Nações, torneio quadrangular que comemoraria o cinquentenário de fundação da CBD (remontando-se à antiga FBE). A seleção brasileira de amadores classificou-se com tranquilidade para o torneio de futebol dos Jogos Olímpicos. Nessa competição, retornou à direção de um selecionado oficial o técnico da conquista na Suécia, Vicente Feola. Apresentando melhores condições de saúde, o treinador não conseguiu, porém, levar a equipe à ambicionada medalha de ouro olímpica, que ficou com o time da Tchecoslováquia.

Os 50 anos de fundação da entidade organizativa dos desportos brasileiros foram comemorados em grande estilo no mês de junho de 1964. Embora o projeto inicial de Havelange, de realizar um torneio com a presença de sete seleções internacionais (incluindo os países que haviam conquistado a Jules Rimet), tenha sido prejudicado pela crise fiscal da entidade, a Taça das Nações foi um grande sucesso de público

A construção da Nação Canarinho

e atraiu a atenção internacional para o jubileu da entidade brasileira. Além da presença de representantes das federações de futebol de diferentes países, os festejos foram honrados com a vinda de sir Stanley Rous, presidente da Fifa, ao Brasil. Compareceram, para a disputa da Taça das Nações, os selecionados de Portugal, Inglaterra e Argentina, que iriam enfrentar os anfitriões diante de uma entusiasmada torcida.

Aymoré Moreira convocou para o torneio um time bastante renovado em relação ao que havia vencido o campeonato mundial dois anos antes. Aproveitando-se do bom entrosamento dos jogadores das equipes profissionais com melhor retrospecto nos últimos anos (Botafogo, Santos e Palmeiras), o técnico procurou compensar o pouco espaço de tempo previsto para treinamentos. Na estreia, a seleção brasileira correspondeu às expectativas da torcida que lotava o Maracanã e aplicou uma imponente goleada sobre os ingleses, comandados pelo respeitado treinador Alfred Ramsey. À euforia seguiu-se a mais completa decepção. Sem apresentar capacidade de desfilar seu estilo fluido de jogo, os brasileiros foram inteiramente dominados pelos argentinos, que sepultaram as pretensões de uma festa completa nas comemorações da CBD com o placar de 3 a 0. Na última rodada, os brasileiros venceram os portugueses (4 x 1) e se limitaram a assistir a festa dos campeões argentinos. Idealizado como o mais perfeito palco para o desfile da seleção que havia conquistado a hegemonia mundial, o torneio serviu, na realidade, como alerta para os equívocos que vinham sendo cometidos na preparação do selecionado. O envelhecimento do elenco bicampeão, aliado a uma agenda sobrecarregada e descontínua, impedia a condução de um programa adequado de renovação da equipe.

1964 foi também o ano em que o país passou a viver uma nova realidade política: em 31 de março, teve início o regime militar, que se estenderia pelos 20 anos seguintes.

A cancha e a caserna

As críticas dirigidas ao elenco e a proximidade de uma nova edição da Copa do Mundo levaram a CBD a refletir seriamente sobre o modelo ideal de preparação da equipe. Estava em jogo, muito mais que um novo título mundial, a oportunidade ímpar de se conquistar definitivamente a taça da Fifa. Conforme previa o regulamento da federação internacional, conquistaria a posse definitiva do troféu a equipe que vencesse a Copa em três edições consecutivas ou cinco vitórias alternadas. A rara oportunidade, desperdiçada anteriormente pelos italianos, levou a direção da CBD a formular um plano de trabalho que buscava adequar as condições ideais de preparação às dificuldades financeiras então enfrentadas. No entanto, a repetição do modelo vitorioso nas duas últimas edições do torneio se mostraria inviável. Paulo Machado de Carvalho, o "marechal da vitória", se afastara gradualmente da direção da CBD por conta de pequenos desentendimentos acumulados ao longo de anos. Como não contava em seu elenco de diretores e colaboradores com elementos que reunissem as habilidades de Carvalho, e possivelmente por querer manter o máximo controle sobre o processo que seria posto em curso, João Havelange decidiu exercer a função de chefe da delegação. Dessa maneira, o presidente também passava a ser o principal responsável pela programação da seleção brasileira, indicando o grau de importância que o novo título teria para a política institucional da confederação. Sensíveis alte-

A construção da Nação Canarinho

rações também seriam feitas em outros níveis hierárquicos da comissão técnica. Paulo Amaral não desejava mais exercer a função de preparador físico e foi promovido a auxiliar técnico do treinador, Vicente Feola. Assim, quem passou a orientar os exercícios de condicionamento da equipe foi o judoca Rudolph Hermany.

As alterações no modelo de planejamento e administração da seleção brasileira não se limitaram à mudança de figuras-chave das campanhas anteriores. A preparação da equipe para o mundial passou também a levar em conta os interesses políticos que envolviam o grande símbolo da nacionalidade. Se as comissões técnicas de 1958 e 1962 podiam ter pecado pelo excessivo centralismo e pela rígida observância de princípios disciplinares, no treinamento para a Copa da Inglaterra muitos equívocos foram cometidos em nome de algumas flexibilizações destinadas a permitir maior visibilidade do elenco. Tais excessos podem ser percebidos desde a convocação inicial dos jogadores, quando um total de 46 foram listados para servir à seleção. Demandas regionais, fluidez de critérios e a excessiva deferência aos veteranos que tinham atuado na Suécia e no Chile forçaram a ampliação da lista, o que teve como resultados mais evidentes a indefinição do time-base e o agravamento dos desentendimentos internos. Alegando a falta de recursos, a CBD procurou praticar uma política de menores custos, aceitando os convites de prefeitos e parlamentares que desejavam ter o selecionado treinando em suas cidades e redutos. Dessa forma, administrando interesses políticos vários, a grande trupe do selecionado brasileiro percorreu um intenso circuito pelo interior do país, permanecendo temporadas em cidades como Lambari, Caxambu e Teresópolis. Nessas localidades, os treinamentos eram acompanhados de inúmeras solenidades, jantares, recepções, discursos. Sempre havia interesse, ou popular, ou partidário, de chegar perto dos ídolos. Durante três meses os jogadores e a comissão técnica tiveram que desempenhar muitos papéis, dificultando os ensaios para o grande espetáculo que teriam que encenar na Inglaterra.

A agenda de compromissos internacionais do selecionado para 1966 previa a realização de vários amistosos preparatórios e a tradicional disputa com o selecionado chileno, válida pela Taça Bernardo O'Higgins. A opção por dar prioridade ao programa de treinamentos para o Mundial fez com que um combinado de jogadores dos clubes gaúchos Grêmio e Internacional envergasse as cores do selecionado nas duas partidas daquela competição. Na série de amistosos, o primeiro jogo teve lugar no Maracanã em 14 de maio de 1966. A vitória do time-base de Feola sobre o País de Gales deu início a uma sequência de bons resultados da seleção em preparação. Apesar da crença generalizada de que os veteranos bicampeões haviam encontrado um padrão coletivo de jogo que os impulsionaria para mais uma campanha consagradora na Copa do Mundo, muitas dúvidas ainda pairavam. A condição física de alguns jogadores tidos como donos absolutos da posição (como era o caso de Garrincha, que lutava contra seguidas contusões) evidenciava a fragilidade do condicionamento atlético da equipe em relação aos seus principais adversários. Além disso, as dúvidas de Vicente Feola na definição dos 22 jogadores que embarcariam para a Europa impediam a constituição do sentido coletivo da equipe.

Após dois amistosos no continente europeu, um empate com a Escócia (1 x 1) e uma vitória sobre os suecos (3 x 2), o técnico Feola definiu o time para a estreia brasileira na Copa do

A construção da Nação Canarinho

Mundo. Da equipe que havia entrado em campo na histórica partida no estádio Rasunda, oito anos antes, cinco jogadores permaneciam no elenco para o jogo contra a Bulgária. Destes, dois não apresentavam condições mínimas de jogo por suas condições atléticas: Bellini e Garrincha. A mística dos bicampeões e a dificuldade de convencer as figuras-chave da comissão técnica da necessidade de uma séria renovação puseram em campo um time que oscilava entre o envelhecimento e a total falta de conjunto. Dois gols de falta, vitória conquistada a alto custo. A força física dos jogadores europeus, que já havia inquietado Aymoré Moreira na longa excursão realizada em 1963, impunha um novo modelo de marcação. Pelé e Garrincha, marcados com extrema deslealdade, deixaram o gramado do Goodison Park contundidos. Na partida contra a Hungria, Garrincha, ao contrário de Pelé, retornaria ao time. Feola, evidenciando a indefinição geral, determinou a entrada de jogadores mais jovens na equipe (Gérson, Tostão). O resultado de todo esse ambiente de improvisação foi implacavelmente decretado pela equipe da Hungria. Em um jogo muito aguerrido, extremamente veloz e disputado, os brasileiros perderam pela contagem de 3 a 1. Mais que o mau condicionamento físico, ficava clara a dificuldade da equipe brasileira em superar novos sistemas táticos de marcação.

Com a derrota, a seleção brasileira precisava vencer seu último compromisso para permanecer na disputa pelo inédito tricampeonato. No terceiro jogo dessa primeira fase do torneio, enfrentaria os portugueses, grande atração da Copa até então. Dirigido pelo brasileiro Oto Glória, o time mesclava a força física à habilidade de um extraordinário articulador do ataque: Eusébio, proclamado o novo "Rei do Futebol". Impossibilitada de contar com Garrincha, a comissão técnica apressou o retorno de Pelé. Extremamente visado pela marcação do zagueiro português Vicente, o artilheiro do Santos foi novamente posto fora de combate. Sem conseguir se livrar do sistema defensivo português, o time brasileiro foi inteiramente dominado e submetido a um ataque altamente eficiente.

A eliminação precoce foi decretada pela equipe de Portugal, mas parecia já se esboçar no confuso processo de preparação para o torneio. Contrariando a tradição de montar comissões técnicas capazes de impor um programa detalhado e racional, a administração Havelange havia incorrido em uma série de equívocos ao longo da fase de organização da equipe brasileira para o Mundial. Por um lado, a atenção a demandas políticas e demagógicas forçara o time a abrir espaço para um número excessivo de jogadores e a se transformar em atração de eventos não esportivos. Por outro, o que parecia ser mais grave, os responsáveis pelo condicionamento técnico e tático da equipe pareceram confiar demasiadamente em uma natural supremacia dos bicampeões, sem demonstrar preocupação em acompanhar o que estava ocorrendo no cenário mundial do futebol. Se, antes da Copa de 1958, a CBD havia mandado observadores acompanharem as partidas das principais seleções europeias com bastante antecedência, no torneio de 1966, tanto jogadores quanto a comissão técnica pareciam atônitos com o desempenho dos adversários. A chance da conquista definitiva do troféu da Fifa fora perdida e, mais que isso, perdera-se o padrão de excelência da seleção.

Após o fracasso na Inglaterra, a CBD passou a se empenhar na ampliação dos torneios interestaduais de clubes. Devido ao grande sucesso da Taça Brasil, que contava com os campeões estaduais, foi idealizado o Torneio Roberto Gomes Pedrosa, que previa a participação de mais equipes além das detentoras

A construção da Nação Canarinho

dos títulos locais. Esse novo campeonato envolvia os clubes que disputavam o Torneio Rio-São Paulo e também equipes convidadas dos estados de Minas Gerais, Rio Grande do Sul e Paraná. Em sua primeira edição, realizada em 1967, o vencedor foi o Palmeiras, que superou o Internacional, de Porto Alegre, na partida final. Devido ao sucesso do torneio, no ano seguinte a CBD passou a dedicar maior atenção à sua organização e instituiu a "Taça de Prata" como premiação ao campeão. O time do Santos, grande destaque nacional ao longo da década, completou seu título paulista com uma conquista categórica no "Robertão": 12 vitórias em 19 jogos disputados. Em 1969, o Palmeiras tornou a vencer o torneio, consolidando um modelo de competição que passou a atrair cada vez mais participantes e a significar uma importante fonte de receita para a CBD. A ampliação do modelo de disputa levou os clubes do Nordeste a participarem da Taça de Prata de 1970. Nesse ano, o Fluminense sagrou-se campeão daquela que seria a última edição do Roberto Gomes Pedrosa e foi indicado pela CBD para disputar a Libertadores da América (novo nome da Taça das Américas) na condição de campeão brasileiro.

Embora mantivesse seus investimentos nos esportes amadores e se empenhasse para que as disputas nacionais de futebol ganhassem maior relevância, a prioridade da direção da CBD, nos anos que se seguiram à derrota na Inglaterra, foi a estruturação do selecionado de futebol. Era consenso geral que a comissão técnica reunida para a Copa de 1966 não conseguira manter o mesmo nível de excelência que caracterizara o desempenho da seleção nos mundiais disputados na Suécia e no Chile. No entanto, ao abordar a questão da estruturação do selecionado nacional, a CBD viu-se diante de um novo conjunto de problemas. Desde o momento em que chegou ao país de volta da Inglaterra, João Havelange e alguns membros da comissão técnica passaram a ser acompanhados por agentes do Serviço Nacional de Informações, o temido SNI criado pelos militares. A grande pressão de setores do Legislativo para a instalação de um inquérito parlamentar que investigasse as razões do pífio desempenho no Mundial, e o empenho de autoridades do regime militar em exigir retratação pública por parte de jogadores e dirigentes ilustravam o ambiente político da época. Em um regime discricionário, em processo de gradativo endurecimento, o denuncismo, a devassa e a busca obsessiva de "culpados" eram ferramentas retóricas de ação política. Além disso, a noção crescente entre os agentes do SNI era a de que o futebol, por seu potencial de mobilização das massas, deveria ser mantido sob estreita e severa observação. Nesse quadro, assumia importância ainda maior a gestão da seleção, mais uma vez compreendida como símbolo da representação nacional. Como todo símbolo, ela poderia ter os mais distintos usos, interpretações e manipulações.

As pressões políticas e o vivo interesse da CBD em reverter a imagem negativa da Copa anterior fizeram com que Havelange criasse, na estrutura da entidade, a Comissão Selecionadora Nacional (Cosena). Competia a essa comissão escolher o treinador e os membros da comissão técnica, bem como avaliar a lista de jogadores convocados para servir ao selecionado. Nesse órgão colegiado, dirigentes de federações, em sua maioria *doublés* de lideranças políticas ou representantes das forças militares, passaram a exercer uma pressão constante e desagregadora sobre o selecionado. Um dos primeiros sinais da interferência desses "conselheiros" na montagem da equipe nacional foi o retorno de Aymoré Moreira para o comando da seleção. Ao velho treinador seria delegada a tarefa de buscar novos talentos entre os jogadores que atuavam no Brasil. Seus primeiros resultados mostraram-se decepcionantes. Na disputa da Copa Rio Branco, em 1967, a equipe brasileira empatou três jogos seguidos com os uruguaios. A comissão optou por não expor o treinador e os jogadores ao longo do ano, limitando-se a cumprir uma partida amistosa contra o Chile, em Santiago. Dentro do cauteloso espírito que parecia orientar as ações da Cosena naquele primeiro momento de preparação, a seleção principal não foi convocada para a viagem ao Chile. Preferiu-se recorrer ao modelo dos selecionados regionais. Um combinado de jogadores cariocas venceria os anfitriões em partida realizada no dia 19 de setembro de 1967, marcando a estreia de Mario Jorge Lobo Zagallo na posição de técnico da seleção brasileira de futebol.

Para o ano de 1968, a CBD agendou para a seleção o número superlativo de 21 amistosos preparatórios. Aymoré Moreira teve condições de testar diversas escalações e de buscar o melhor padrão tático para a equipe. A longa programação teve início com duas partidas, disputadas no Brasil, contra a equipe uruguaia. As duas vitórias (2 x 0 e 4 x 0) definiram os jogadores que participariam da excursão, entre os meses de junho e julho, pela Europa, África e Américas Central e do Sul. A turnê do time canarinho no continente europeu começou com uma derrota (1 x 2) para os vice-campeões mundiais, a seleção da Alemanha ocidental. Nas outras partidas, vitórias pouco convincentes sobre Polônia e Iugoslávia (6 x 3 e 2 x 0) e uma derrota para o time tcheco (3 x 2). Atendendo a pedido da Federação Portuguesa de Futebol, o selecionado realizou um amistoso contra os portugueses na colônia de Moçambique. Nessa partida, vencida pelos brasileiros por 2 a 0, a equipe que conquistara a terceira colocação no Mundial não contou com a presença de Eusébio, sua aclamada estrela. Da África, o time brasileiro seguiu para o México, onde jogou duas partidas contra a equipe anfitriã da próxima Copa. Após vencer a primeira por 2 a 0, o time se deparou com uma das mais inesperadas derrotas de sua trajetória. Os mexicanos, sem muita dificuldade, impuseram 2 a 1 à equipe que se julgava em condições de brilhar no próximo torneio da Fifa. Do México, o time seguiu para o Peru, onde apresentou um futebol melhor e conquistou duas vitórias por ampla margem de gols (4 x 3 e 4 x 0).

No retorno ao Brasil, o time venceu o Paraguai, em partida válida pela primeira fase da Taça Osvaldo Cruz (4 x 0), conquistando o troféu mesmo após derrota de 1 a 0 em Assunção. Duas vitórias consecutivas sobre a seleção argentina (4 x 1 e 3 x 2) pareciam indicar a estabilização da equipe e motivavam os dirigentes para aquele que era visto como o grande evento futebolístico do ano: o amistoso contra a seleção do mundo, coordenada pela Fifa. Antes disso, o Brasil realizaria ainda dois amistosos contra o México. O clima de tranquilidade era tamanho que mesmo os jogadores declaravam à imprensa a expectativa de uma vitória por dilatado placar. No Maracanã, que apresentava lotação média naquele 31 de outubro de 1968, a seleção brasileira passou por um dos maiores constrangimentos de sua história. Nova vitória mexicana por 2 a 1 parecia decretar a falência do modelo colegiado de gestão da seleção brasileira de futebol. O time de Aymoré Moreira ainda conseguiria vencer os mexicanos no estádio do Mineirão (2 x 1) e o time de estrelas internacionais no amistoso realizado no dia 6 de novembro (2 x 1). No entanto, para as partidas amistosas agendadas até o final do ano, a manutenção do treinador foi se mostrando fora dos planos da CBD.

A construção da Nação Canarinho

No dia 19 de dezembro de 1968, a seleção realizou seu último amistoso da extensa agenda prevista. Aymoré Moreira já não era mais o técnico da equipe. Coube a Yustrich a direção de um combinado mineiro que superou os iugoslavos pelo placar de 3 a 2.

O balanço da frustrante experiência da Cosena levou João Havelange a manobrar politicamente para que se chegasse a uma nova centralização das instâncias decisórias na gestão do selecionado nacional. Mesmo diante da posição contrária de integrantes do regime militar, o presidente da CBD dissolveu a Cosena e, no dia 4 de fevereiro de 1969, anunciou João Saldanha como o novo treinador da equipe.

O apogeu de um projeto

A escolha de João Saldanha representou uma ousada manobra de João Havelange. Polêmico, sem muita experiência como treinador, Saldanha conquistara popularidade devido aos seus irreverentes comentários esportivos em rádios do Rio de Janeiro. Mas seu nome representava um grande incômodo para as lideranças militares devido à sua explícita simpatia pelos movimentos de esquerda e a um flerte com as fileiras do Partido Comunista. Antes mesmo da estreia, em partida contra o Peru no dia 7 de abril, Saldanha já havia mostrado a sua intenção de promover uma ruptura com o passado recente da seleção. Convocando novos jogadores, a quem apelidou de "feras", e marcando uma posição de extrema autonomia, o novo técnico conseguiu atrair a atenção dos torcedores, que passaram a manifestar maior confiança nos rumos do selecionado. Nas nove partidas em que atuou como treinador da seleção em seu ano de estreia, João Saldanha saiu-se vencedor em todos os encontros. Na última partida, disputada em um pouco auspicioso 31 de agosto, o selecionado confirmou sua presença na Copa do Mundo do México ao derrotar o Paraguai por 1 a 0. O público recordista (183 mil pagantes) que lotava o Maracanã aplaudiu o espetáculo e foi poupado de ver a ríspida discussão mantida entre o técnico e o general Elói Menezes, membro do CND, que queria aproveitar a celebração para pedir apoio popular ao presidente Costa e Silva, que havia sofrido um acidente vascular cerebral.

João Saldanha iniciou o ano da Copa sob fogo cerrado. A crescente oposição do regime, que agia para associar a imagem dos governantes militares a um possível triunfo no México, o deixava em posição instável. João Havelange procurava blindar o técnico com a argumentação da excelência profissional, medida pelos resultados em campo e pelo apoio da população. O treinador, no entanto, era um homem idiossincrático. Se, por um lado, resistia à pressão governamental para a convocação de alguns jogadores, por outro, mantinha uma constante perseguição a alguns medalhões da equipe, como, por exemplo, Pelé, que ameaçava de corte por conta de um suposto problema de visão. Quando o selecionado começou a apresentar um desempenho menos entusiasmante, após derrota para a Argentina no estádio Beira-Rio, a situação de Saldanha começou a se deteriorar. Após uma derrota do selecionado para o time do Atlético Mineiro (1 x 2) e um empate com o Bangu (1 x 1), o destino do técnico foi selado. A direção da CBD já não reunia argumentos que pudessem ser contrapostos à oposição da crítica "patenteada".

No dia 18 de março de 1970, foi anunciada a dissolução da comissão técnica da seleção. Iniciava-se o projeto de montagem de um esquema militar de preparação e acompanhamento

A construção da Nação Canarinho

das atividades da equipe que partiria para a disputa de mais um título mundial. Para a chefia da delegação foi designado o major-brigadeiro Jerônimo Bastos, que tinha vínculos com a chefia do SNI. Em sua assessoria direta foi empossado o major Ipiranga Guaranys, cuja principal tarefa era a montagem de um forte esquema de segurança que passaria a envolver a seleção. A preparação física dos jogadores foi entregue aos cuidados de oficiais formados pela Escola de Educação Física do Exército, com destaque para Raul Carlesso e Cláudio Coutinho, que traçaram um programa calcado em técnicas atualizadas e estruturadas a partir de estudos médicos e fisiológicos. Para se chegar ao nome do técnico ainda seriam gastos alguns dias em deliberações. Finalmente, um nome que agradava tanto à CBD quanto aos interventores militares foi anunciado: o jogador bicampeão mundial Mário Zagallo. Embora, para muitos analistas, o trabalho de Zagallo tenha se resumido a uma mera continuidade do modelo construído por Saldanha, o novo técnico fez alterações sensíveis na formação de seu time-base. A modificação do esquema tático, o aproveitamento de Pelé e a efetivação de Clodoaldo no meio-campo, com a adaptação de Piazza na zaga, evidenciam a autonomia de Zagallo na definição da equipe que iria ao México.

A preparação física do selecionado brasileiro visando o Mundial foi considerada, em relatório apresentado pela comissão médica da Unesco, um exemplo de condicionamento físico. Diante do desafio de disputar um campeonato na altitude mexicana, os preparadores aplicaram aos jogadores, por um período de quase três meses, um longo programa de preparo físico. Um mês antes da estreia, o time já se encontrava no país-sede, buscando ajustar os sistemas respiratório e circulatório dos atletas aos desafios do ar rarefeito. A vantagem física, aliada à técnica excepcional dos jogadores, mostraria mais uma vez que a antiga receita de Havelange de criteriosa programação e forte preparação física da equipe ainda se mostrava eficaz.

Na estreia na Copa do Mundo, o Brasil enfrentou a Tchecoslováquia. O desempenho do time em campo marcou o padrão que caracterizaria a trajetória do selecionado no México: um time extremamente ofensivo, altamente criativo e que se valia do condicionamento físico para sobressair no segundo tempo das partidas. No primeiro jogo, após seguir para os vestiários no intervalo com um empate de 1 a 1, a seleção retornou inclemente e abriu a vantagem de 4 a 1 que selou o placar. No jogo seguinte, contra os então campeões mundiais, a contagem final (1 x 0) não refletiu a supremacia brasileira. Ao final da partida, o capitão inglês Bobby Moore, marcador incansável de Pelé durante os 90 minutos, entregou ao atleta brasileiro sua camisa, gesto simbólico que representou o reconhecimento da superioridade brasileira e o virtual coroamento de um novo campeão.

Contra a Romênia, último adversário na primeira fase do certame, Zagallo optou pelo descanso de alguns jogadores, sem que isso implicasse a perda de qualidade da equipe. A vitória, pela contagem de 3 a 2, classificou a seleção para as quartas de final da Copa, onde teria o Peru por adversário. Nesse jogo, dois ex-bicampeões se enfrentariam no comando das duas equipes. Didi, meio-campista de estilo clássico dos selecionados de 1958 e 1962, dirigia então o time peruano. Seu ex-companheiro de seleção e do Botafogo, Zagallo, levou vantagem no confronto. A seleção saiu vitoriosa com mais um impressionante espetáculo, qualificando-se para as semifinais da competição. O adversário seria o time do Uruguai,

A construção da Nação Canarinho

que havia percorrido uma trajetória muito mais acidentada no torneio. Com apenas duas vitórias até a partida semifinal (contra Israel e União Soviética), os uruguaios passaram a estimular a tradicional rivalidade com os brasileiros evocando o "fantasma de 1950". A imprensa brasileira imediatamente assumiu o tom da provocação e passou a pintar um adversário muito maior que a equipe que estaria em campo. Como se fosse um ciclo fatalista, o desequilíbrio emocional, a inibição e a síndrome da derrota voltavam a ser evocados. Na partida, os brasileiros precisaram superar a desvantagem inicial no placar e o peso das antigas críticas para impor a inquestionável vitória de 3 a 1 e garantir a presença na final. Contra os também bicampeões italianos, o selecionado brasileiro fez uma de suas melhores exibições e conquistou o título em um delírio popular que se iniciou no gramado do estádio Azteca e percorreu todo o território nacional, ligado por satélite às imagens da Copa. Na imprensa, a euforia da vitória, como mostra Nelson Rodrigues, novamente assumiu cores patrióticas na confirmação de um "destino manifesto" plenamente realizado:

Desde 66 que nossos entendidos punham nas nuvens o futebol europeu e, em especial o inglês. Os nossos adversários tinham uma esmagadora superioridade física, tática e técnica. A velocidade europeia era exaltada como a musa do futebol moderno. Mas enquanto os outros só tinham virtudes, os nossos só tinham defeitos. Todavia ninguém contava com o homem brasileiro. (...) Para assumir a sua verdadeira dimensão, o escrete precisava ser mordido pelas vaias. Foi toda uma maravilhosa ressurreição. (...) No México, verificamos que as vacas premiadas, de fitinha e medalha no pescoço, éramos nós. Por fim, quando entrávamos em campo, já a bola nos reconhecia e vinha lamber-nos as botas como uma cadelinha amestrada. Pelé, maravilhosamente negro, poderia erguer o gesto, gritando: "Deus deu-me sangue de Otelo para ter ciúmes da minha pátria". E assim, brancos ou pretos, somos 90 milhões de otelos incendiados de ciúme pela pátria (Rodrigues, 1994a:160).

A catarse coletiva, contudo, foi largamente manipulada para que se transformasse em um patriotismo servil, com a vitória em campo associada a uma conquista do regime militar. Para além da confluência construída entre o melhor futebol do mundo e o país do "ame-o ou deixe-o" ficam algumas constatações evidentes. A aplicação de um modelo administrativo meticuloso, com detalhamento das etapas de preparação, e um forte investimento no condicionamento físico e emocional novamente transformaram "artistas mulatos" da bola em implacáveis colecionadores de títulos. A conquista definitiva da Jules Rimet, para além das ondas políticas da época, tornou-se um marco da vida desportiva brasileira e o símbolo definitivo da possível combinação entre o dionisíaco talento e a apolínea organização.

Bibliografia

AGOSTINO, Gilberto. *Vencer ou morrer*: futebol, geopolítica e identidade nacional. Rio de Janeiro: Mauad, 2002.

ANDERSON, Benedict. *Nação e consciência nacional*. São Paulo: Ática, 1989.

ARAÚJO, Ricardo Benzaquem de. *Os gênios da pelota*. Dissertação (Mestrado) – PPGAS/UFRJ, 1980.

BELLOS, Alex. *Futebol:* o Brasil em campo. Rio de Janeiro: Jorge Zahar, 2003.

BIBAS, Solange. *As copas que ninguém viu*: história e bastidores. São Paulo: Catavento, 1982.

BIRLEY, Derek. *Sports and the making of Britain*. Manchester: Manchester University Press, 1993.

CALDAS, Waldenir. *O pontapé inicial*: memória do futebol brasileiro. São Paulo: Ibrasa, 1990.

CARVALHO, Paulo Machado de. *Diário secreto de Paulo Machado de Carvalho*. São Paulo: Edição do Autor, 1959.

CASTRO, Marcos; MAXIMO, João. *Gigantes do futebol brasileiro*. Rio de Janeiro: Lidador, 1965.

Coleção de leis do Brasil

DaMATTA, Roberto. *Universo do futebol*: esporte e sociedade brasileira. Rio de Janeiro: Pinakotheke, 1982.

FRANZINI, Fabio. *As raízes do país do futebol*: estudos sobre a relação entre o futebol e a nacionalidade brasileira (1919-40). Dissertação (Mestrado) – Departamento de História da Unicamp, 2000.

FREYRE, Gilberto. *Sociologia*. Rio de Janeiro: José Olympio, 1945.

GOUSSISNKY, Eugenio; ASSUMPÇÃO, João Carlos. *Deuses da bola*: histórias da seleção brasileira de futebol. São Paulo: DBA, 1998.

GUEDES, Simoni Lahud. *O Brasil no campo do futebol*. Niterói: Eduff, 1998.

HAMILTON, Aidan. *Um jogo inteiramente diferente*: a maestria brasileira de um legado britânico. São Paulo: Gryphus, 2002.

_____. *Domingos da Guia*: o divino mestre. São Paulo: Gryphus, 2004.

HELAL, Ronaldo et al. *A invenção do país do futebol*: mídia, raça e idolatria. Rio de Janeiro: Murad, 2001.

HILL, Jeff. *Sports, leisure and culture in 20th century Britain*. London: Palgrave McMillan, 2004.

HOBSBAWM, Eric J.; RANGER, Terence. *A invenção das tradições*. Rio de Janeiro: Paz e Terra, 1997.

HOLLANDA, Bernardo Buarque de. *O descobrimento do futebol*: modernismo, regionalismo e paixão esportiva em José Lins do Rego. Rio de Janeiro: Biblioteca Nacional, 2005.

JAVRIE, Grant; MAGUIRE, Joseph. *Sports and leisure in social thought*. London: Routledge, 1994.

KUPER, Simon. *Football against the enemy*. London: Orion, 1996.

LYRA FILHO, João. *Taça do mundo*: 1954. Rio de Janeiro: Pongetti, 1954.

MANDELL, Richard. *Historia cultural del deporte*. Barcelona: Bellaterra, 1986.

MASON, Tony. *Sports in Britain*: a social history. Cambridge: Cambridge University Press, 1989.

_____. *Passion of the people?* Football in South America. London: Verso, 1995.

MAXIMO, João. *João Saldanha:* sobre nuvens de fantasia. Rio de Janeiro: Relume-Dumará, 1996.

A construção da Nação Canarinho

MAZZONI, Tomás. *Problemas e aspectos do nosso futebol*. São Paulo: A Gazeta, 1939.

_____. *História do futebol no Brasil (1894-1950)*. São Paulo: Leia, 1950.

MERCIO, Roberto. *A história dos campeonatos cariocas de futebol*. Rio de Janeiro: Ferj, 1996.

MORAES NETO, Geneton. *Dossiê 50:* os onze jogadores revelam os segredos da maior tragédia do futebol brasileiro. São Paulo: Objetiva, 2000.

MOURA, Gisella. *O Rio corre para o Maracanã*. Rio de Janeiro: FGV, 1998.

MURRAY, Bill. *Uma história do futebol*. São Paulo: Hedra, 2000.

NAPOLEÃO, Antonio Carlos; ASSAF, Roberto. *Seleção brasileira*: 90 anos. Rio de Janeiro: Mauad, 2004.

NEGREIROS, Plinio José Labriola de Campos. *A nação entra em campo*: futebol nos anos 30 e 40. Tese (Doutorado) – Departamento de História da PUC-SP, 1998.

NOGUEIRA, Armando et al. *A Copa que ninguém viu e a que não queremos lembrar*. São Paulo: Cia. das Letras, 1994.

_____; NETTO, Araújo. *Drama e glória dos bicampeões*. Rio de Janeiro: Editora do Autor, 1962.

PATUSCA, Araken. *Os reis do futebol*. São Paulo, 1976.

PERDIGÃO, Paulo. *Anatomia de uma derrota*. Porto Alegre: L&PM, 2000.

PEREIRA, Leonardo Afonso de Miranda. *Footballmania*: uma história social do futebol no Rio de Janeiro (1902-38). Rio de Janeiro: Nova Fronteira, 2000.

POLLEY, Martin. *Moving the goalpost:* a history of sports and society since 1945. London: Routledge, 1998.

PORTO, Luis Roberto et al. *História ilustrada do futebol brasileiro*. São Paulo: Edobras, 1968.

Relatórios da Confederação Brasileira de Desportos – CBD. 1918-89.

RIBEIRO, André. *Fio de esperança*. São Paulo: Gryphus, 2000.

RODRIGUES FILHO, Mario. *O sapo de arubinha*: os anos de sonho do futebol brasileiro. São Paulo: Cia. das Letras, 1994.

_____. *O negro no futebol brasileiro*. Rio de Janeiro: Murad, 2002.

RODRIGUES, Nelson. *À sombra das chuteiras imortais*. São Paulo: Cia. das Letras, 1994a.

_____. *A pátria de chuteiras*. São Paulo, Cia. das Letras, 1994b.

SALDANHA, João. *Histórias do futebol*. Rio de Janeiro: Revan, 1994.

SANDER, Roberto. *Anos 40:* viagem à década sem Copa. São Paulo: Bom Texto, 2004.

SANTOS, Joel Rufino dos. *História política do futebol brasileiro*. São Paulo: Brasiliense, 1981.

SOARES, Edgard; BAKLANOS, Sérgio. *Havelange:* a FIFA no terceiro milênio. São Paulo: JSP, 1995.

SOTER, Ivan. *Almanaque da seleção brasileira*. Rio de Janeiro: Folha Seca, 2002.

SOUZA, Denaldo Alchone. *O Brasil entra em campo*: construções e reconstruções da identidade nacional (1930-47). São Paulo: Annablume, 2008.

SZEPESI, Gyorgy. *Rapsódia húngara de futbol*. Budapest: Atheneum, 1968.

TOLEDO, Luis Henrique de. *No país do futebol*. Rio de Janeiro: Jorge Zahar, 2000.

Livros publicados pela Coleção FGV de Bolso

(01) *A história na América Latina – ensaio de crítica historiográfica* (2009)
de Jurandir Malerba. 146p.
Série 'História'

(02) *Os Brics e a ordem global* (2009)
de Andrew Hurrell, Neil MacFarlane, Rosemary Foot e Amrita Narlikar. 168p.
Série 'Entenda o Mundo'

(03) *Brasil-Estados Unidos: desencontros e afinidades* (2009)
de Monica Hirst, com ensaio analítico de Andrew Hurrell. 244p.
Série 'Entenda o Mundo'

(04) *Gringo na laje – produção, circulação e consumo da favela turística* (2009)
de Bianca Freire-Medeiros. 164p.
Série 'Turismo'

(05) *Pensando com a sociologia* (2009)
de João Marcelo Ehlert Maia e Luiz Fernando Almeida Pereira. 132p.
Série 'Sociedade & Cultura'

(06) *Políticas culturais no Brasil: dos anos 1930 ao século XXI* (2009)
de Lia Calabre. 144p.
Série 'Sociedade & Cultura'

(07) *Política externa e poder militar no Brasil: universos paralelos* (2009)
de João Paulo Soares Alsina Júnior. 160p.
Série 'Entenda o Mundo'

(08) *A mundialização* (2009)
de Jean-Pierre Paulet. 164p.
Série 'Sociedade & Economia'

(09) *Geopolítica da África* (2009)
de Philippe Hugon. 172p.
Série 'Entenda o Mundo'

(10) *Pequena introdução à filosofia* (2009)
de Françoise Raffin. 208p.
Série 'Filosofia'

(11) *Indústria cultural – uma introdução* (2010)
de Rodrigo Duarte. 132p.
Série 'Filosofia'

(12) *Antropologia das emoções* (2010)
de Claudia Barcellos Rezende e Maria Claudia Coelho. 136p.
Série 'Sociedade & Cultura'

(13) *O desafio historiográfico* (2010)
de José Carlos Reis. 160p.
Série 'História'

(14) *O que a China quer?* (2010)
de G. John Ikenberry, Jeffrey W. Legro, Rosemary Foot e Shaun Breslin. 132p.
Série 'Entenda o Mundo'

(15) *Os índios na História do Brasil* (2010)
de Maria Regina Celestino de Almeida. 164p.
Série 'História'

(16) *O que é o Ministério Público?* (2010)
de Alzira Alves de Abreu. 124p.
Série 'Sociedade & Cultura'

(17) *Campanha permanente: o Brasil e a reforma do Conselho de Segurança das Nações Unidas* (2010)
de João Augusto Costa Vargas 132p.
Série 'Sociedade & Cultura'

(18) *A construção da Nação Canarinho – uma história institucional da seleção brasileira de futebol 1914-70* (2010)
de Carlos Eduardo Sarmento. 148p.
Série 'História'

(19) *Obama e as Américas* (2011)
de Abraham Lowenthal, Laurence Whitehead e Theodore Piccone. 210p.
Série 'Entenda o Mundo'

(20) *Perspectivas macroeconômicas* (2011)
de Paulo Gala. 134p.
Série 'Economia & Gestão'

(21) *A história da China Popular no século XX* (2012)
de Shu Sheng. 204p.
Série 'História'

(22) *Ditaduras contemporâneas* (2013)
de Maurício Santoro. 140p.
Série 'Entenda o Mundo'

(23) *Destinos do turismo – percursos para a sustentabilidade* (2013)
de Helena Araújo Costa. 166p.
Série 'Turismo'